Arthur Schnitzler · Alles kann Verführung sein

Zeichnungen von Horst Hussel

Arthur Schnitzler

Alles kann Verführung sein

Aphorismen,
Sprüche und Parabeln

Buchverlag Der Morgen Berlin

Ausgewählt
und mit einer Nachbemerkung
von Ruth Greuner

ISBN 3-371-00214-4

I. Die Wortspirale drehst du nie zu Ende

Sprüche in Versen

Zur Ermutigung

So unvermeidbar ein Geschick dir scheine,
Neig ihm dein Haupt in frommer Demut nie.
Was heute sich des Schicksals Maske lieh,
War gestern *vieler* Möglichkeiten *eine*,
Und wird heut ohne dich die Wahl gefällt; –
Von *morgen* die ist dir anheimgestellt.

Wahlspruch

Ein Wahlspruch? Lange sinn' ich hin und her,
Ja, Kinder, wenn die Welt so einfach wär'!
Ich brauche, wie ich mich beschränken mag,
Doch ungefähr ein Dutzend jeden Tag.
Und wollt' ich je für morgen einen sparen,
Daß er verjährt war, mußt' ich stets erfahren.
So schrieb am besten ich »von Fall zu Fall«; –
Doch leider gilt auch der nicht überall.

Wort und Wahrheit

Vom steilen Weg ist Lipp' und Herz verdorrt,
Doch endlich lohnt ein köstliches Gelingen:
Der Wahrheit Tempel ragt an heil'gem Ort. –
Da dröhnt es aus dem Dunkel: Weiche fort!
Hier wird kein Sterblicher sich Einlaß zwingen,
Ein Riese hält am Tore Wacht: das Wort.

Einem Philosophen ins Stammbuch

Aus fremdem Leid hast du dich schnell gerettet
In die Idee.
Doch immer bleibst du irdisch fest gekettet
Ans eigne Weh.

Frühling im Herbst

Daß immer süßer dir von Jahr zu Jahre
Ins durst'ge Herz der Trank des Frühlings glitt, –
Begreifst du's nun, das Schmerzlich-Wunderbare?
Den bittern Tropfen Abschied trinkst du mit!

Die feinen Gaumen

Das hat uns feinen Gaumen oft verdrossen:
Daß auch der Schaum, der nur den Rand bedeckt,
Nach dem ersehnten Trank im Becher schmeckt.
Wir schlürfen kaum und haben schon genossen.

Treib weit hinaus …

Treib' weit hinaus auf raschem Kahn
An schwülem Sommertage;
Die Mücken, die dir weh' getan,
Sind nur des Ufers Plage.

Von Ferne zu Ferne …

Von Ferne zu Ferne grüßt über Land
Ein Gipfel den andern, ewig verwandt.
Schwer dunsten die Täler ihnen zu Füßen
Und ahnen nichts von der Höhen Grüßen.

Einladung

Herzlich willkommen heiß ich die Gäste,
Freu' mich doch lieber von weitem am Feste.
Mischt' ich mich selbst in den lustigen Reihn,
Tanz und Musik wär' nimmer mein.

Der Exakte spricht

Was kann ich als Wunder nehmen?
Ist etwas einmal geschehn,
So werd' ich mich nie bequemen,
Als Wunder es anzusehn.

Ewige Wahrheit

Ein Narr, der die Dame im Purpurkleid
Für morgen an den Tisch sich lüde.
Als ewige Wahrheit stolziert sie heut';
Und morgen erscheint sie als Frau Platitüde.

Freund und Feind

Dein Feind? Der über dich Böses spricht,
Und glaubt es im Grunde selber nicht.
Dein Freund? Der hört es geduldig an
Und meint: »'s ist immer etwas dran.«

An ein Mädchen

Immer, Mädchen, ohne Fehle,
Gehst du zum Geliebten ein,
Leuchtet aus erfüllter Seele
Aller Glanz auf ihn allein.

Vergebliche Flucht

Und rennst du, Ungeduld'ger, noch so weit, –
Du rennst nur *dir* davon und nicht der *Zeit*.

Der neue Duft

– Und hast du einen neuen Duft empfunden,
Erzähl' es lieber nicht den »Ganzgesunden«.
Der eine klagt: Ihn hat ein Wahn erfaßt!
Ein and'rer lächelt: Pose wird es sein!
– Daß du vielleicht die feinere Nase hast,
Fällt wen'gen ein.

Wortspirale

Die Wortspirale drehst du nie zu Ende;
Und ob um eine Spule sie aus Gold,
Ob um ein Härchen, ob um nichts sie rollt, –
Eh du's erkundet, sinken dir die Hände.

Klarheit

O armer Bach, wie seicht rinnt dein Geriesel,
Auf deinem Grunde zähl ich jeden Stein!
Nicht seicht, nur klar, sprach drauf das Wässerlein,
Und Himmelsglanz vergoldet meine Kiesel.

Heb dich hinweg …

Heb dich hinweg mit deinem Schelten
Aus unsern Frühlingswanderreih'n!
Wer nur den schönsten Baum läßt gelten,
Dem kann im Walde wohl nicht sein.

Frohe Ahnung

Wie kommt's, daß um den neuerglühten Stern
Sie gar so laut und jubelnd sich gebärden?
Sie ahnen jenes rein're Glück nicht fern:
So recht im Herzensgrund enttäuscht zu werden.

Freudenfest

Was trug sich zu, daß heut an unsre Ohren
So laut der Lendenlahmen Jubel gellt?
Soeben wurde amtlich festgestellt:
Nach sieben Kindern, kerngesund geboren,
Kam ihrem Vater eines tot zur Welt.

An einen Rezensenten

Du schwörst, daß du ihn nicht gemeint
Und nur von Tröpfen sprachst im allgemeinen?
's ist wahr, du nanntest seinen Namen nicht –
So mag er dir mit Fug empfindlich scheinen.
Trotzdem – verzeihe – bleibst du mir ein Wicht,
Solang du duldest, daß die *andern* meinen,
Du hättest *ihn* gemeint.

Recht hattest du …

Recht hattest du? – das will nicht viel bedeuten.
Nur was du wirktest, reicht in Ewigkeiten.

Arme-Leut-Stücke

Zuerst den Hunger abgetan –
Dann fangen die Probleme an.

Porträt

Wie stolz er sitzt, die Füße kaum im Bügel,
Verwegnen Blicks und mit verhängtem Zügel,
Vor allen andern käm' sein Roß ans Ziel, –
Wär's nicht aus Holz und stünd im Ringelspiel.

Maske

Ihr sagt: Ein Übermensch. Verzeiht, ich merkte nichts.
Was mir erschien an heil'ger Bühnenstätte –
Wenn auch mit einer Maske menschlichen Gesichts –
War doch nur eine Übermarionette.

Beethovenfeier

Laßt Nachsicht walten, wenn ich auf Geheiß
Den Göttlichen nicht mitzufeiern weiß.
In Tempel tret' ich lieber schweigend ein
Und – wenn ihr mir's vergönnen wollt – allein.

Nachwelt

Mag doch mein Name in nichts verklingen! –
Wenn sie nur meine Lieder singen!

II. »Du mußt mich nehmen, wie ich bin«, sagte der Tiger …

Kleine Sprüche – Sprüche,
vorbereitet gewesen,
doch zurückgelegt

Tiefsinn hat nie ein Ding erhellt;
Klarsinn schaut tiefer in die Welt.

•

Ein neuer Gedanke – das ist meist eine uralte Banalität in dem Augenblick, da wir ihre Wahrheit an uns selbst erfahren.

•

Wie oft halten wir für Unversöhnlichkeit der Ansichten, was nichts anderes ist als Verschiedenheit der Temperamente.

•

Daß du ihn völlig durchschautest, das hat dir noch keiner verziehen, er mag noch so gut dabei weggekommen sein.

•

Wie oft – bei uns noch öfter als bei andern – halten wir für Stärke des Charakters, was am Ende doch nichts anderes ist als Schwäche des Gefühls.

•

Am Anfang jeder übernommenen Verpflichtung stehe diese: über das Maß seiner Kraft, seiner Ausdauer, seines Opfermutes im klaren zu sein – oder die Übernahme selbst wird zur Schuld.

•

Welch ein gefräßiges Tier ist doch die Eitelkeit! Sie nährt sich sowohl von Erfolg als von Mißerfolg, von Glück wie von Unglück, von Liebe wie von Haß, ja zur Not versteht sie es auch, von ihrem eigenen Fett zu leben und wird immer noch fetter dabei.

•

Eine Illusion verlieren, heißt um eine Wahrheit reicher werden. Doch wer den Verlust beklagt, ist auch des Gewinnes nicht wert gewesen.

•

Sind es wirklich nur die Weiber, die immer auf ihr erstes Wort zurückkommen – »wenn man Vernunft gepredigt stundenlang«, wie Shakespeare sagt? Machen es die Philosophen und ganz besonders die Theologen nicht ebenso?

•

Wie unklar doch die Menschen oft über sich selber sind. Einer liebt den Duft der Blumen und hält sich für einen Botaniker, ein anderer zählt Staubfäden und hält sich für einen Naturschwärmer.

•

Klagen? Nein, tätig sein!
Beklagen? Nein, hilfreich sein!
Anklagen? Nein, bessern!

•

Du kannst einen Menschen daran hindern, zu stehlen, aber nicht daran, ein Dieb zu sein.

Es ist keine Höflichkeit, einem Lahmen den Stock tragen zu wollen.

•

Nur unter deinesgleichen hast du das Recht, dich einsam zu fühlen.

•

Keinen Anlaß zur Lüge haben, heißt noch nicht: aufrichtig sein.

•

Hüte dich vor den Bescheidenen – du ahnst nicht, mit welch gerührtem Stolz sie ihre Schwächen hegen.

•

Wahrhaft ungütig sind wir nur gegen Menschen, von denen wir wissen, daß sie uns niemals verloren gehen können.

•

Auch denen, die uns lieben und verehren, wird nicht eher in unserer Nähe wohl, als bis sie entdeckt haben, wo wir sterblich sind.

•

An einem Meeresufer spazierenwandeln und in einem Regentümpel daneben ersaufen – das ist ein wahrhaft tragikomisches Schicksal.

•

Wer sich zur Einsamkeit verdammt fühlt, kann immer noch manches dazu tun, daß seine Einsamkeit gesegnet sei.

•

Mit dem Ohr der Menschheit ist es so beschaffen, daß es den Schall zu verschlafen und erst durch das Echo zu erwachen pflegt.

•

Gibt es ein Ohr so fein, daß es die Seufzer der welkenden Rose zu hören vermöchte?

•

Zu bereuen glaubst du? Ach, du hast dir nur an die Brust geschlagen.

•

Bereit sein ist *viel*, warten können ist *mehr*, doch erst: den rechten Augenblick nützen ist *alles*.

•

Auch das Chaos gruppiert sich um einen festen Punkt, sonst wäre es nicht einmal als Chaos da.

•

Lebensklugheit bedeutet: alle Dinge möglichst wichtig, aber keines völlig ernst nehmen.

•

Innerer Reichtum ohne Fähigkeit innerer Sammlung ist ein begrabener Schatz.

•

Der Trotz ist die einzige Stärke des Schwachen – und eine Schwäche mehr.

•

Dilettant sein, das heißt: seiner eigenen Einfälle nicht wert, aber auf sie stolz sein.

•

Jünger –?! Gott schütze mich vor ihnen, da sind mir die Freunde noch lieber.

•

Wer deine bittersten Feinde sind? Unbekannte, die ahnen, wie sehr du sie verachten würdest, wenn du sie kenntest.

•

Es gibt nur wenige Menschen, die dem wahren Egoisten antipathisch sind: diejenigen, die er beinahe lieben könnte.

•

Wenn der Haß feige wird, geht er maskiert in Gesellschaft und nennt sich Gerechtigkeit.

•

Leute, die immer die Gescheiteren sein wollen, sind genötigt, an diese ununterbrochene Mühe so viel Intensität des Verstandes zu wenden, daß sie am Ende meistens die Dümmeren gewesen sind.

•

Was unsere Seele am schnellsten und am schlimmsten abnützt, das ist: verzeihen ohne zu vergessen.

•

Kein Ärmerer auf der Welt als der Reiche, der es nicht versteht, zu verschwenden.

•

Ich glaube deine Weisheit nur, wenn sie dir aus dem Herzen, deine Güte nur, wenn sie dir aus dem Verstande kommt.

•

Allgegenwart Gottes: du siehst, hörst, fühlst ihn überall, – er dich nirgends.

•

Wenn ihr den Gott lobpreist, ohne dessen Willen kein Sperling vom Dache fällt, warum prügelt ihr den Knaben, der ihn herunterschießt?

•

Das Schlimmste, was einem Dichter passieren kann, das ist: für seinen eigenen Einfall nicht reif zu sein.

•

Nur Gestalt hat Lebensrecht in der Kunst; – was in ihr Geist ist, lebt vom Ungefähr der Worte.

•

Es ist schon oft genug vorgekommen, daß ein Bösewicht aus Klugheit etwas Gutes, aber noch nie, daß ein Dummkopf aus Güte etwas Kluges getan hätte.

•

Was soll mir ein Zeiger, der sich so rasend schnell dreht, daß er tausendmal in einem Tag die richtige Minute und doch niemals die richtige Stunde weist?

•

Selbsterkenntnis ist fast niemals der erste Schritt zur Besserung, aber oft genug der letzte zur Selbstbespiegelung.

•

Erinnerungsfälschung, das ist die ohnmächtige Rache, die unser Gedächtnis an der Unwiderruflichkeit alles Geschehens nimmt.

•

Nur *Richtung* ist Realität, das *Ziel* ist immer eine Fiktion, auch das erreichte – und dieses oft ganz besonders.

•

Man hat es so leicht, seine Erinnerungen zu schreiben, wenn man ein schlechtes Gedächtnis hat.

•

Ein Sophisma ist nur selten eine blanke Unwahrheit; meist ist sie ein gesunder Trank Lüge – der aber durch einen Tropfen Wahrheit vergiftet wurde.

•

Auch der ehrlichsten Überzeugung muß ich meinen Respekt versagen, wenn mir die Sache nicht ehrlich scheint, der sie gilt.

•

Es ist die schlimmste Verschwendung an Geist und Herz, Gegner zu überzeugen suchen, die gar nicht daran denken, ihrer eigenen Ansicht zu sein.

•

Was als Persönlichkeit wirkt, ist das Leuchten aller Möglichkeiten eines Charakters hinter seinen wirklichen und zufälligen Lebensäußerungen.

•

Schüttle ein Aphorisma, so fällt eine Lüge heraus und eine Banalität bleibt übrig.

•

Das wäre ein schlechtes Aperçu, bei dem ein kluger Mann sich nicht denken müßte: gerade das oder das Gegenteil ist mir auch schon einmal eingefallen.

•

Vor einer erlebten Wahrheit, so gering sie sei, neige ich mich in Ehrfurcht; dem Paradoxon, so köstlich es schillere, lache ich unter die Nase.

Was du hier als Aphorisma servierst – denkst du vielleicht, diese billige Weisheit wäre mir nicht längst bekannt gewesen? – Daß du dir das einbildest, lieber Leser, betrachte ich als die schmeichelhafteste Genugtuung, die mir werden konnte.

•

Es gibt keine neuen Wahrheiten auf Erden; und gerade in diesen kleinen Sätzen dachtest du sie zu finden?

•

Im Herzen jedes Aphorisma, so neu oder gar paradox es sich gebärden möge, schlägt eine uralte Wahrheit.

•

Unsere Lieblingszigarre? Es ist leider nicht die, die uns am besten geschmeckt hat, sondern die, die unsern Verhältnissen am besten entspricht und an die man sich gewöhnt hat. 1908

•

Ich habe nichts gegen Leute, die sich umbringen, aber ich hasse Menschen, die sich fallen lassen. Ermüdbarkeit des Gefühls nicht zu verwechseln mit Trägheit des Herzens. 1912

•

In der Mitte läge die Wahrheit? Keineswegs. Nur in der Tiefe. 1918

•

Im Geistigen kann es niemals Haß geben, sondern nur Gegensätze; und auch die sind noch fruchtbar. 1921

•

Unter den Antinomien nicht zusammenbrechen, das ist unsere Lebensaufgabe. 1921

•

Aufgabe der Erziehung wäre es, den metaphysischen Hunger der Menschheit durch Mitteilung von Tatsachen mit weisem Maß zu stillen statt ihn durch Märchen, was ja Dogmen sind, zu betrügen. 1921

•

Zum Wesen des Dilettanten
Die Leistungen im Detail manchmal bis zum Verblüffenden; in der Hauptsache versagen sie. Das gilt auch für die Dilettanten des Lebens. 1921

•

Auch der Selbstmord wird eine sinnlose Sache, wenn man keinem Menschen mehr dadurch einen Schmerz bereitet. Dies erst heißt sich völlig ins Nichts stürzen. 1922

•

Du mußt mich nehmen, wie ich bin, sagte der Tiger und machte sich sprungbereit.
Du mich auch, sagte der Jäger und schoß ihn nieder. 1924

•

Unsere Feinde haben meistens recht mit ihren Vorwürfen, aber zu ihren Vorwürfen beinahe nie. 1924

•

Hüte dich vor schlechter Gesellschaft, aber vergiß nicht, daß, wenn du die Einsamkeit erwählst, du dich nicht stets in der besten befindest.

•

Zwischen die gleich grausamen Wahrheiten: Leben und Tod, haben wir die tröstliche Lüge der Unsterblichkeit gesetzt.

•

Widerwärtig nennen wir das Traurige, dem es nicht vergönnt ist, sich auf irgendeine Weise in Schönheit aufzulösen.

•

Kein Antlitz ist häßlich, in dessen Zügen sich die Fähigkeit zu einer echten Leidenschaft und die Unfähigkeit zu einer Lüge ausdrückt.

•

Beklagenswert, der nicht sein Leben, sondern seine Autobiographie lebt.

•

Auflehnung – Demut. Was liegt dazwischen? Weisheit oder Ergebung?

•

Klarheit, Intensität und Raschheit des Denkens – diese vereinigt erst ergeben das, was man die Tiefe des Denkens zu nennen pflegt.

•

Wie könnte man als Mensch leben, wenn man nicht zuweilen ein Gott wäre?

•

Laster, die Mut erfordern, das sind beinahe schon Tugenden, besonders verglichen mit den Tugenden, die nur aus Feigheit geübt werden.

•

Hat die Welt einen Sinn als Ganzes, so muß ihn auch jeder Unsinn haben, oder alles, was uns eben Unsinn scheint. Dies ist der Wirbel, drin wir hilflos drehn.

•

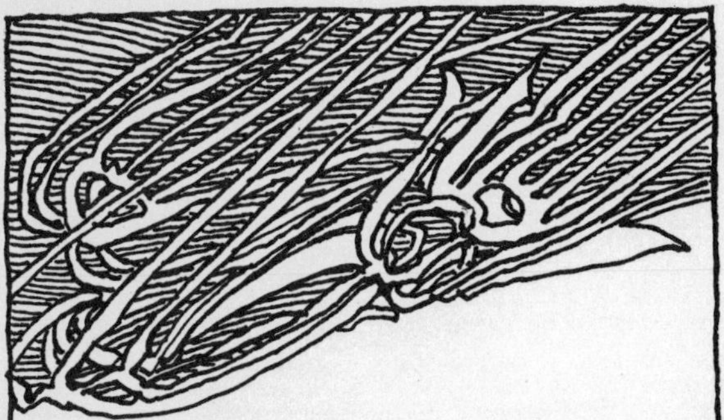

III. Mancher gilt als vornehmer Charakter

Beziehungen und Einsamkeiten – Psychologisches

Das sind die ewig unbefriedigten Naturen, die mitten in einem noch so bedeutenden Erlebnis von einer ungeheuren Langeweile erfaßt werden, weil sie es im Geiste längst zu Ende erlebt haben. Der wahre Lebenskünstler ist aber den bescheidenen Überraschungen dankbar, die ihm auch innerhalb des gleichgültigsten Erlebnisses immer wieder zu begegnen pflegen oder die er zumindest wieder erwarten darf.

•

Das Herz ist geschaffen, zu lieben und zu hassen, sich zu freuen und zu leiden, zu jubeln und zu klagen. Wenn es sich aber müht, zu verstehen – was allein dem Geiste zukommt, so versündigt es sich gegen seine Natur; und wenn es endlich zu verstehen glaubt, belügt es sich immer nur selbst, und daran geht es zugrunde.

•

Mancher gilt als vornehmer Charakter nur darum, weil er Haltung genug zu bewahren versteht, um einer vielleicht wohlbegründeten Verbitterung gegenüber Glücklicheren nicht allzu lebhaft Ausdruck zu geben. Bricht über einen solchen Menschen plötzlich ein Glück herein, so merkt man meistens bald, daß er immer ein Schubiak gewesen ist.

Schlimmer betrogen, wer aus Angst vor Enttäuschung immer wieder sein Glück versäumte, als wer jede Möglichkeit eines Glücks ergriff, selbst auf die Gefahr hin, es könnte wieder nicht das wahre gewesen sein.

•

Die Liebe zu den Kindern ist immer eine unglückliche, im Grunde die einzige, die diese Bezeichnung mit Recht verdient. Haben wir doch nur den Mut, uns zu erinnern. Auch in unserer Liebe den Eltern gegenüber, so groß sie war – war in ihr nicht auch ein wenig Mitleid, vielleicht sogar etwas Widerwillen, war nicht am Ende in dieser Liebe etwas vorhanden, das dem Grauen verwandt ist?

•

Menschliche Beziehungen, die auf großem Fuße eingerichtet waren, lassen sich nur unter schmerzlichen und beschämenden Opfern in kleinem Stile weiterführen; und klüger ist der Entschluß, einen gemeinsamen seelischen Haushalt einfach aufzulösen, als der Versuch, ihn mühselig zu beschränken.

•

In einer kranken Beziehung haben wir wie in einem kranken Organismus auch das scheinbar Nichtigste als Symptom der Krankheit zu deuten.

Innerhalb der Ökonomie menschlicher Beziehungen ist eine Verbindung von Unverläßlichkeit und Herzenswärme einer solchen von Herzenskälte und Verläßlichkeit immer noch vorzuziehen. Denn während es gegen Unverläßlichkeit einen Schutz gibt: Menschenkenntnis, macht Herzenskälte jedes menschliche Verhältnis so rettungslos erstarren, daß es zur Unfruchtbarkeit verurteilt bleibt.

•

Wenn du den »Jardin secret«, den heimlichen Garten deiner Seele, allzu zärtlich hegst, so geschieht es leicht, daß er gar zu üppig zu blühen, über den ihm zugemessenen Raum hinauszuwuchern beginnt und allmählich auch Gebiete deiner Seele in Besitz nimmt, die gar nicht bestimmt waren, geheim zu bleiben. Und so kann es geschehen, daß deine ganze Seele zu einem verschlossenen Garten wird und in all ihrem Blühen und Duften an ihrer Einsamkeit zugrunde geht.

•

Auch die Einsamkeit hat ihre Gedanken, und sie verraten sich meist dadurch, daß sie sich als Märtyrer aufspielen.

•

Wenn zwei Menschen einander bis ins Tiefste verstehen wollen, so ist das gerade so, wie wenn zwei gegenübergestellte Spiegel sich ihre eigenen Bilder immer wieder und von immer weiter her wie in verzweifelter Neugier entgegenwerfen, bis sie sich endlich im Grauen einer hoffnungslosen Ferne verlieren.

•

Wenn du dich in Gefahr glaubst, an einem Menschen zugrunde zu gehen, so rechne es ihm nicht gleich als Schuld an, sondern frage dich vorerst, wie lange du schon nach solch einem Menschen gesucht hast.

•

Das sind unangenehme Leute, die, statt dem Führer dankbar zu sein, der sie an einen schönen Aussichtspunkt geleitete, sich gebärden, als hätten sie diesen Punkt soeben erst selbst entdeckt, und am Ende gar ihrem Führer, wenn er nicht laut genug in ihre Begeisterung einstimmt, seinen Mangel an Naturempfindung vorwerfen.

•

Daß wir *enttäuschen*, das mag uns oft genug ohne eigene Schuld begegnen – es genügt dazu, daß Menschen, die uns überschätzt oder auch nur nach Verdienst gewürdigt haben, sich von uns fort oder über uns hinaus entwickeln, oder daß sie sich das auch nur einbilden. *Bestätigen* aber müssen wir uns immer wieder aufs neue, mit jedem Tag – aus eigner Mühe und mit eigner Kraft.

•

Solidarität der Bestrebungen knüpft Euch mit Bindfäden, Solidarität der Schicksale schnürt Euch mit Stricken, Solidarität der Verantwortung schmiedet Euch mit Ketten aneinander.

•

Warum uns doch die Gemütlichkeit unserer Nebenmenschen meist als Dummheit und unsere eigene als Güte – die Güte der andern als Schwäche und die unsere als ein Zeichen von Seelenadel erscheint?

•

Lebenskunst: Die besonderen Gesetze eines Wesens den allgemeinen der Natur, des Staates und der Gesellschaft unterzuordnen und sein ureigenes Selbst über ihnen allen zu behaupten wissen.

•

Dem wahrhaft liebenswürdigen Menschen gegenüber fühlen wir uns immer schuldlos, auch wenn wir ein Unrecht gegen ihn begangen haben – dem Unliebenswürdigen gegenüber stets von Verantwortung bedrückt, auch wenn uns an einer

Unannehmlichkeit, die ihm begegnet, nicht die allergeringste und ihn selbst vielleicht alle Schuld trifft.

•

Die Liebe einer Frau kannst du dir durch mancherlei verscherzen: durch Vertrauen und durch Mißtrauen, durch Nachgiebigkeit und durch Tyrannei, durch zuviel und durch zu wenig Zärtlichkeit, durch alles und durch nichts.

•

Aus einem bestimmten Anlaß betrügen, heißt beinahe schon treu sein.

•

Jede Liebesbeziehung hat drei Stadien, die unmerklich ineinander überfließen: das erste, in dem man auch schweigend miteinander glücklich ist; das zweite, in dem man sich schweigend miteinander langweilt, und das dritte, in dem das Schweigen, gleichsam Gestalt geworden, zwischen den Liebenden steht wie ein boshafter Feind.

•

Kein Gespenst überfällt uns in vielfältigeren Verkleidungen als die Einsamkeit, und eine ihrer undurchschaubaren Masken heißt Liebe.

•

Daß wir uns gebunden fühlen mit der steten Sehnsucht nach Freiheit – und daß wir zu binden versuchen, ohne die Überzeugung unseres Rechts dazu, das ist es, was jede Liebesbeziehung so problematisch macht.

•

Nicht früher darfst du dich von einer Frau geliebt glauben, ehe du nicht sicher bist, ihre ganze erotische Sehnsucht auf dich allein vereinigt und alle anderen Möglichkeiten ihres Wesens, auch die ungeahntesten, zur Wirklichkeit erlöst zu haben.

•

Zwei Männer mögen wegen einer Frau in einen noch so erbitterten Streit geraten sein – es kommt immer ein Augenblick, in dem sie nahe daran sind, einander – wie über einen Abgrund – die Hände zu reichen.

•

Du hast verstanden? Du hast verziehen? Du hast vergessen? Welch ein Mißverständnis! Du hast nur aufgehört zu lieben.

•

Das Beste, was Liebende im Laufe der Zeit einander werden können, das ist: Surrogate ihrer Träume oder Symbole ihrer Sehnsucht.

•

Was einer Frau an Courage zum Selbstmord fehlen mag, ist sie entsprechenden Falls ohneweiteres in der Lage, durch Bosheit zu ersetzen.

•

Manches gestehen, das bedeutet meist einen hinterhältigeren Betrug als *alles* verschweigen.

•

Im Verlaufe erotischer Beziehungen steigt der eine Teil für den andren seelisch immer entschiedener zum Individuum empor und sinkt körperlich immer unrettbarer zum Prinzip herab.

•

Die Frauen sind zugleich naturgebundener und sozial bedingter als die Männer; dies ist der Widerspruch, in dem die Problematik der meisten Liebesbeziehungen begründet ist.

•

Eine kluge Frau sagte mir einst: Die Männer sind sich ohneweiteres klar darüber, was sie bei uns erreicht haben; aber was sie alles bei uns *nicht* erreicht haben, davon haben sie meistens keine Ahnung.

•

Ein Liebeszank endet selten mit einem wirklichen Frieden; meist ist es nur ein Waffenstillstand, während dessen die Gegner einander eben Zeit lassen, ihre Toten zu begraben. Aber beginnt der Kampf aufs Neue, so zerren sie auch die Toten wieder ans Licht empor und von Verwesungsdüften umweht kämpfen sie weiter.

•

Nicht Übermaß an Vertrauen, sondern Schwäche der Phantasie macht es dem Manne so schwer, an die Untreue eines geliebten Wesens zu glauben.

•

Ein tragikomisches Schicksal: sein Leben zerstört zu wissen und niemanden zu haben, an dessen Brust man sich darüber ausweinen möchte als allein das Wesen, von dem es zerstört wurde.

•

In Hinsicht auf Liebesschulden gilt die Regel: lieber verfallen lassen als zu spät einkassieren.

•

Wenn Treue nicht ein Gegengeschenk ist, dann ist sie die törichtste aller Verschwendungen.

•

Es gibt keine erotische Beziehung, in der von den Liebenden die Wahrheit nicht immer gefühlt und nicht immer wieder jede Lüge geglaubt würde.

•

Es bedeutet zuweilen einen schlimmeren Betrug an der Geliebten, sie selbst, als eine andere in den Armen zu halten.

•

Fällt von einem immer noch geliebten Wesen der Zauber des Geschlechts allmählich für dich ab, so erlebst du zuweilen das neue Wunder, daß das Kind wieder vor dir steht, das jenes Wesen war, bevor du es als Frau umarmtest, und du liebst es besser als zuvor.

•

In einer Atmosphäre von Feindschaft läßt sich leben; Mangel an Wohlwollen ist schlimmere Luft.

•

Krankheit – entwürdigend und vereinsamend. Anfangs ein Fremdes, dann besitzergreifend – umschließend. 1911

•

Wir sagen von einem, daß er ein Doppelleben führe; führt er nicht manchmal gerade erst ein ganzes, ein wirkliches, also sein eigenes Leben dadurch, daß er scheinbar zwei verschiedene Leben führt? Und wie viele führen ein halbes Leben, weil sie nicht den Mut haben, ein ganzes zu führen, das anderen wie ein Doppelleben erschiene.

Der Immune ist im gewissen Sinn auch ein Ausgeschlossener.

•

Eitelkeit ist oft nur ein Ausdruck für das physiologische Bedürfnis des Organismus nach Aufmunterung.

•

Weltschmerz? Nein, Weltironie.

•

Seelenmörder verschiedener Art, zynische und sentimentale.

•

Die Leute sind am schlimmsten dran, die mehr Temperament haben als Mut.

•

Während wir träumen, sind wir da nicht vielleicht Gespenster in den Träumen der anderen?

•

Ja, wenn eine Schlacht gewonnen würde dadurch, daß man den lautesten Trompeter wegschießt!

•

Das Wichtigste im Verkehr mit Menschen: Ihnen ihre Ausreden wegzuräumen.

•

Recke dich nicht allzu hoch, ohne vorher aufwärts zu schauen; du weißt nicht, wo deine Decke ist.

Auch der erste Schritt gehört zum Wege.

•

Die Eleganz ist der Geschmack der anderen.

•

Wie eilig ordnet sich Geschehnes ein.

•

Sie tummeln ihre Rosse, aber sie reiten sie nicht.

•

Das Mißverhältnis zwischen einer Idee und den Menschen, die diese Idee verwirklichen sollen, ist in jedem Falle größer als das zwischen den Menschen, die für diese Idee sterben und denen, die sie verraten.

•

Auch mit den klügsten Menschen bereitet der Umgang kein Vergnügen, wenn sie immer klüger scheinen möchten, als sie sind.

•

Wie in den Kämpfen des öffentlichen Lebens ist auch in denen des Alltags die Macht bei den Mittelmäßigen: wie dort bei den Mittelmäßigen des Geistes, so hier bei den Mittelmäßigen des Gefühls; denn wer die Dinge und die Menschen ernst nimmt, ist immer der Schwächere.

Manche meinen, daß sie eine Weltanschauung haben, und sie haben doch nur eine fixe Idee, im besten Fall ein Vorurteil, sei es ein politisches, sei es ein religiöses – kurzum gerade das, was eine Weltanschauung ausschließt.

•

Urworte, orphisch
Die Kennworte die Wieners:
Wie komm denn i dazu?
Es zahlt sich ja net aus!
Tun S' ihnen nix an.

•

Ein geschickter Akrobat kann von Tag zu Tag geschwindere Purzelbäume schlagen und immer mehr. Das hat aber mit Vervollkommnung oder mit Entwicklung nichts zu tun.

•

Welch ein Lebenskünstler. Er wußte sich eine trügerische Ferne zu verschaffen, indem er die Welt durch ein verkehrtes Opernglas betrachtete, und schon war auch das wunderbare Gefühl der Sehnsucht da.

•

Zu einem Verrat sind die meisten Menschen pünktlicher zur Stelle als zu einer Tat der Treue. Denn sich bei einem Verrat zu verspäten, kann leichter den Kopf kosten, als zu einer Handlung der Treue nicht da zu sein.

•

Die Erinnerung, sagt Jean Paul, ist das einzige Paradies, aus dem wir nicht vertrieben werden können. Manchmal mag das zutreffen. Öfter aber ist die Erinnerung die einzige Hölle, in die wir schuldlos verdammt werden.

•

Seine Gedanken nicht klar auszudrücken ist entweder Leichtfertigkeit, Feigheit oder bewußtes Verbrechen. Dieses letztere ist häufiger als man ahnt. Nicht nur Politiker und Pfaffen, auch Literaten pflegen es zu begehen.

•

Man mag die Menschen noch so sehr verachten, es läßt sich schwer ohne Leute leben.

•

Es ist lächerlich genug, eine offene Tür gewaltsam einzurennen. Aber durch eine angelehnte Tür mit Siegermiene zu treten, als hätte man sie durch eigene Kraft aufgestoßen, das sieht noch beträchtlich dümmer aus.

•

Wer den *Prinzipien* nicht getreu zu leben versteht, die er verkündet, ist ein Hochstapler und ein um so schlimmerer, je ernsthafter er selbst an diese Prinzipien glaubt.

•

Es ist immer ein Zeichen von Lebensschwäche, vielleicht von Feigheit, auf ein Relatives zu verzichten, wo uns das Absolute versagt ist.

•

Mißtrauisch bist du? Ich verstehe dich: du willst dir die Mühe ersparen, die Menschen kennen zu lernen.

•

Willst du wissen, wie alt du bist, so frage nicht die Jahre, die du gelebt hast, sondern den Augenblick, den du genießt.

Kriegspatenschaft-Kalender, Wien 1917

•

Die einen leben, wie man Champagner hinunterstürzt; andere, wie man eine Suppe ißt – löffelweise, gleichgültig; viele aber müssen ihr bißchen Leben wie Tropfen Wassers auf der schmutzigen Erde suchen: immer gebückt, immer durstig.

Deutsche Wochenschrift Wien, 5. 12. 1886

•

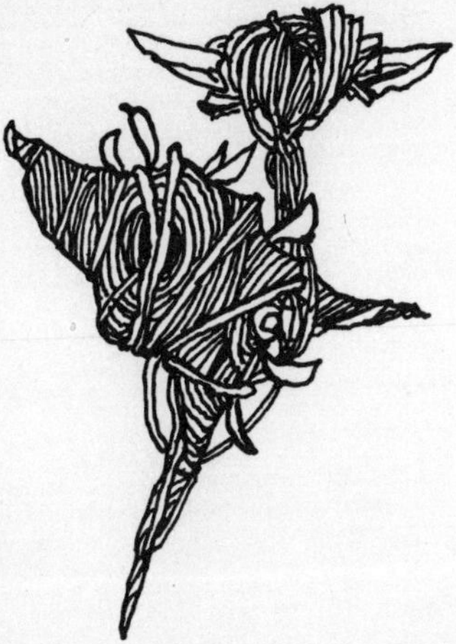

IV. Alles kann Verführung sein

Freundschaft, Frauen

Nicht das Geld imponiert den Frauen, sondern nur daß wir sie manchmal damit kaufen können.

80er Jahre?

•

Das Streben der Weiber nach Emanzipation ist wie ein ewiger Ruf, daß sie von der Natur um drei Unzen Gehirn betrogen worden sind. Sie glauben eben immer, beim Krämer zu stehen.

80er Jahre

•

Ob nicht jede Frau das natürliche Recht hat, einmal in ihrem Leben auch die Geliebte eines vollkommen schönen Mannes zu sein?

80er Jahre

•

Die Dummheit der Weiber gleicht einer wilden Katze, die im verborgenen lauert und bei irgend einer unerwarteten Gelegenheit hervorstürzt und die schöne Ordnung in Garten und Haus zerstört.

90er Jahre

•

Stromschleifen – elektrische Schleifen, die sich gerade wenn man jemanden sehr liebt, zu anderen Frauen hin entwickeln.

90er Jahre

•

Die Frauen wollen immer unsere letzte Liebe bedeuten, und wir immer ihre erste. (Steht auch bei Wilde.) 90er Jahre

•

Er behandelte sie mit jener sinnlichen Sentimentalität, die die Weiber für Achtung halten.

90er Jahre

•

Nichts Süßeres als der Blonden Kuß von einer Braunen sich wegküssen lassen. 90er Jahre

•

»Ja, gnä Frau, die G'schicht is halt die: Sie müßten g'haut wer'n.« 90er Jahre

•

»Ich bin ja doch sozusagen ihre erste Liebe.«
»Sie irren sich, junger Freund. Ihre letzte. Das ist ein häufiger Rechenfehler der Frauen, die viel geliebt haben.« um 1890

•

Zänkereien in einem Verhältnis stammen in letzter Linie doch immer aus den Voraussetzungen, auf denen es aufgebaut ist. 90er Jahre

•

Er hat Glück bei Jungfrauen und solchen, die es gern wieder werden möchten. 90er Jahre

•

Sinnlichkeit log uns Liebe vor, der Verstand widersetzte sich der Täuschung – da kam die Phantasie als willkommene Helferin. 90er Jahre

•

Nichts gibt Frauen eine königlichere Haltung, als das Bewußtsein, daß sie ihr Alter besiegt haben (den Kampf aufgegeben zu haben). 90er Jahre

•

Welcher Mann hat mehr Berechtigung, eifersüchtig zu sein: der, dem seine Frau gesteht, sie möchte gern einem anderen angehören, oder der, dessen Frau bewußtlos von einem anderen besessen ward?

90er Jahre

•

Ehediskurs

Sie: »Mein Lieber, was ich Dir schon lange sagen wollte. 7 und 14 und 5 –«

Er, höflich und helfend: »Macht 26.«

Sie, zuckt zusammen: »Du irrst, es macht nicht 26.«

Er versucht zu erklären: »Doch! 7 und 14 macht 21, und 5 –«

Sie unterbricht ihn: »Und wenn auch, ich finde es höchst unzart –«

Er: »Zu addieren?«

Sie: »Nein. Auf solche Art in einer Frauenseele herumzubohren.« 1916

Zu meinen Geliebten, sagt er, stand ich in höchst verschiedenem Verhältnis: die meisten waren mir gleichgültig, einige waren mir aber antipathisch; gehaßt habe ich nur eine, die war die große Leidenschaft meines Lebens. 1922

•

Liebe ist eine durch sexuelle Krisen unterbrochene, aber zugleich geförderte Feindschaft ...
Eine peinliche Abwechslung von Beunruhigung und Langeweile.

•

Jemand zu seiner Geliebten: Es gibt einen metaphysischen Beweis dafür, daß die Untreue der Frauen schwerer zu nehmen ist als die der Männer.
Wenn ich mir etwa eine Untreue zuschulden kommen ließe, könnte ich sie mir ohneweiteres verzeihen. Dir nie.

•

Du ahnst gar nicht, in wie großer Gesellschaft du dich manchmal befindest, auch wenn du mit deiner Geliebten allein zu sein glaubst. Viele sind mit euch, von denen du nichts weißt: ihre vergangenen – viele, von denen sie selbst nichts weiß: ihre zukünftigen Liebhaber.

•

Keine Frau, auch die reinste nicht, die nicht in irgendeinem Moment ihres Daseins den Wunsch oder wenigstens die Neugier verspürt hätte, eine Dirne zu sein; nicht die verworfenste Dirne, die sich nicht in irgendeinem Moment gesehnt hätte, eine anständige Frau zu sein.

•

In einem gewissen Stadium der Ehe muß eine Entscheidung getroffen werden: entweder daß der Gatte sich entschließt, zum Vater seiner bisherigen Gattin oder daß diese sich entschließt, zur Mutter ihres bisherigen Gatten zu werden.
Eher holst du den Vogel im Flug ein, als Liebe, die flieht.

•

Keinem sollst du dankbarer sein als dem Mann, der die latente Untreue deiner Geliebten in einen echten Betrug verwandelt und so die Spannung löst, an der euere Beziehung sonst langsam dahinsiechen müßte.

•

In der Liebe der Frauen ist fast immer ein Element des Blutschänderischen enthalten; den älteren Mann lieben sie immer ein wenig wie einen Vater, den jüngeren wie einen Sohn.

•

In Liebesbeziehungen gibt es zwei Stadien, die ziemlich unmerklich ineinander übergehen: das eine, in dem man sich nach jedem Streit sofort versöhnen sollte, da die Versöhnung doch nur einen Tag zu verschieben ist – und ein zweites, wo man jeden Streit als willlkommenen Anlaß zum Bruch benützen sollte, der (sowieso) unausbleiblich ist.

•

Es gehört zu den Alterserscheinungen – um seiner künstlerischen Berühmtheit willen geliebt zu werden.

•

Wandelst du mit einer geliebten Frau durch die Straßen einer fremden Stadt, so ist dir, als wärest du seit Jahren dort gewesen. Spazierst du mit ihr in einer längst bekannten Gegend, so glaubst du, daß du dich in einer phantastischen Fremde [befindest].

•

Die Frauen hassen unsere Kunst, denn sie fühlen wohl, daß sie uns von ihrer Macht befreit. Ab und zu aber gibt es eine Edle, die uns und unsere Kunst eben um dieser Befreiung willen liebt.

•

Dialog:
Eigentlich liebe ich nur dich.
Eigentlich –? So bist du mir untreu?!

Es ist noch nicht entschieden, was törichter ist: seine Geliebte zu seiner Frau oder seine Frau zu seiner Geliebten zu machen.

•

Die Frauen vermögen andere Menschen nur durch das Medium der Liebe oder das der Entfernung zu sehen und zu begreifen.

•

Nicht treuer, nur anhänglicher sind die Frauen als wir.

•

Alles kann Verführung sein; Gleichgültigkeit, Leidenschaft, ja Schimpf so gut wie Schmeichelei, denn die Verführung ist nie etwas anderes als die Lust verführt zu werden.

•

Es gehört mit zu den erotischen Bedürfnissen mancher Frauen, daß ihre Freundinnen Erlebnisse haben.

•

Die Gefühlswerte ändern sich; die Verantwortungs- und Verpflichtungswerte bleiben bestehen, ja können sich steigern. Darum wird die Ehe stets eine irrationale Gleichung bleiben.

•

Manchmal ist mir, als kräuselten sich die Wellen

deiner Seele, wird's aber ruhig, so seh ich die Schlingpflanzen auf dem Grunde liegen, glatt, schleimig und faul.

•

Die sonderbare Lust, sich mitten im Taumel einer großen Liebe in die Arme einer anderen zu stürzen.

•

»Du bist so dumm, als wenn du einen Schneidergesellen zum Geliebten hättest.«

•

»Was brauchst du denn in die Kirche zu gehen, wenn du mich hast?«

•

Ein glühender Liebhaber war er nur, wenn er nicht liebte.

•

Sie: Als ich meine Hochzeitsreise antrat, war mir entsetzlich zumute. Ich liebte ihn nicht; mir war, als sollte ich geköpft werden.
Sie wurden aber nicht geköpft!
Sie: Nein, erst in der zweiten Nacht.

•

Impotenz der platonischen Liebe, beruhend auf intellektueller reizbarer Schwäche.

•

Männer, in deren Wesen das Verlangen so ausschließlich ist wie manche Frauen in ihrem ganzen Wesen nur Hingebung ausdrücken.

•

Was uns so oft an manchen Frauen abstößt, ist der Gedanke an den Mann, der sie verlangt.

•

Die Frau empfindet es als Triumph, wenn sie der früheren Geliebten des Mannes begegnet; der Mann als Schmach, wenn ihm der frühere Geliebte seiner Frau erscheint.

•

Man muß sich mit einer Frau auch in Ideen und Kunstwerken ein Stelldichein geben können, und wehe, wenn sie auch da zu spät kommt oder gar dich ganz aufsitzen läßt.

•

O wir Psychologen! Oft genug bringen wir selbst im Herzen eines geliebten Wesens Keime zum Blühen, deren Vorhandensein sie nicht ahnte. Unsere Eitelkeit läßt es nicht zu, daß wir ihr verschweigen, was in ihr vorgeht; dann fühlt sie selbst, daß wir Recht haben, und damit ist der erste Stoß gegeben.

•

Der Sohn zum Vater: Hast du vielleicht auch meine Mutter ohne Liebe geheiratet? – Gewiß, mein

Sohn. – Nun, dann schäm ich mich, auf die Welt gekommen zu sein.

•

Zur Geliebten: Heut hast du wieder einmal deinen atavistischen Tag.

•

Verlegenheit vor einem Weibe. Das erste Mal eine Schmeichelei, das zweite Mal gleichgültig, das dritte Mal lächerlich.

•

Es gibt Frauen, die etwas Elementares sind wie die Erde.
Es ist ihnen alles gleich wichtig. Der Schmerz über einen verlorenen Geliebten, über ein verlegtes Schmuckstück wirkt auf gleiche Weise. Sie haben dieselben Worte, dieselben Empfindungen dafür. Es fliegt in ihre Seele mit gleicher Schwere hinein wie die Erde alles mit gleicher Kraft anzieht. Sie haben auch Recht wie die Elemente. Sie ahnen, daß Beziehungen etwas Zufälliges sind. Schmerz bleibt Schmerz; Freude, Freude.

•

Die Ehe ist die Schule der Einsamkeit. Aber man lernt nicht genug in ihr.

•

Ob wir einen Menschen, von dem wir uns abgewandt haben, allein zurücklassen oder einsam, das ist eine Sache unseres Herzens. Wir müssen ihn zum Abschied mindestens die Fähigkeit hinterlassen, sich anderen Menschen anzuschließen, ja in ihrer Gesellschaft Trost zu finden – und wäre es selbst auf Kosten der guten Meinung, die er von uns gehabt oder des Gefühls, das er für uns gehegt hat.

•

Liebe kommt nicht immer aus dem Gefühl, sondern, öfter als der Liebende selbst ahnt, aus dem Willen, aus der Güte oder aus dem Bewußtsein einer Mission.

•

Ein geliebter Mensch, das bedeutet sieben Mal Schmerz und einmal Freude.

•

Auch wenn wir wirklich verstanden werden, ist es immer nur für einen flüchtigen Augenblick, und wenn wir wirklich geliebt werden, so ist solches auch nicht für länger. Denn das eine hieße, daß zwei Geister, daß andere, daß zwei Herzen völlig gleich geworden sind. Und solches kann so wenig dauern, als ein lebendiges Herz einen Augenblick zu schlagen und ein lebendiger Geist einen Augenblick zu denken aufhören könnte.

Es ist ziemlich geschmacklos, von der Treulosigkeit seiner Geliebten zu sprechen. Aber taktloser noch ist es, über ihre Treue zu witzeln.

•

Wenn dich die Lust ankommt, in deiner Vergangenheit umherzuwandeln, laß dich niemals von einer Frau begleiten, deren Liebe du dir bewahren willst. Ehe du dich dessen versiehst (ja ohne daß du es recht gemerkt hast), ist sie dir in eine Zukunft entflohen, die nicht dir gehört.

•

Man muß schon zufrieden sein, wenn die Leute einen annähernd richtigen Allgemeinbegriff von einem haben. Sobald sie anfangen, ins Detail zu gehen, sehen sie doch – und vor allem die Freunde – beinahe nur das Negative.

•

In der Liebe erkennen wir meist zu spät, ob ein Herz uns nur geliehen, ob es uns geschenkt oder ob es uns gar geopfert wurde.

Österreichische Dichtergabe, Wien 1928

•

V. Zwischen zwei Wundern schwebt die Welt

Philosophie, Ethik – Glaube, Religion

So weit schauen als möglich, aber von dort, wo man hingehört. Die Augen schärfen, aber nicht den Standpunkt wechseln. 1915

•

Wenn wir neue Götter haben, müssen die alten notwendig Götzen gewesen sein?

•

Zwischen zwei Wundern schwebt die Welt. Plötzlichkeit und Allmählichkeit.

•

Absolute Güter: Leben, Gesundheit, Liebe.
Relative Güter: Tugend, Ehre, Geld.

•

Wonach ist der Wert des Menschen zu bestimmen?
Nach der Zahl und Weite von Erkenntnissen?
Seinem Streben?
Wie ist seine Fähigkeit zu erkennen?
Nach dem Maß des Glücks, das er zu geben vermag (geistigen oder körperlichen)?
Nach dem Wert derjenigen Menschen, denen er Glück bringt?
Nach dem Wert der neuen Weisheiten oder Wahrheiten, die er entdeckt hat?
Nach der Fülle der Tatsachen, die er gefunden, die er vermittelt hat?
(weiter zu führen).

Ein Mensch schwebt frei im Raum. Einer, meinetwegen Millionen, haben es gesehen, glauben, es gesehen zu haben, schwören, es gesehen zu haben – ein Wunder ohnegleichen, daß unter Abermillionen Menschen unter ganz besonderen Bedingungen ein Mensch die Schwerkraft überwunden hat – ein Wunder. Gut.
Aus dem Boden, der gestern noch unfruchtbar war, sprießt ein seltsames Gebilde, wunderschön anzusehen, violett und duftend, nicht ein Gebilde, hunderttausend Billionen. Und alle Menschen sehen es. Und jeden Frühling sehen die Menschen es wieder.
Und weil es millionen Mal geschieht und alle es sahen – ein geringeres Wunder? Nein, ein millionenfaches und dazu noch ein unbezweifelbar wahres und dazu noch ein beglückendes und ewiges.

•

Wer Materie sagt, sagt Geist, ob er will oder nicht. Denn sie wäre überhaupt nicht vorstellbar ohne Geist. Und wer Geist sagt, sagt Materie, denn ohne Materie könnte er es nicht sagen, nicht einmal denken.

•

Wer Grenze sagt, sagt Unendlichkeit und wer Unendlichkeit sagt, sagt Grenze. Denn es läßt sich ebensowenig leugnen, daß jenseits der Grenze wieder das Etwas ist, und wäre es selbst das Nichts, so wäre es ein Etwas mit Hinsicht auf die Grenze.

•

Duldsamkeit gegenüber der Unduldsamkeit, das ist vor allen Verbrechen das schlimmste. Unduldsamkeit ist das geringere.

•

Man spricht so oft von Freigeistern, niemals aber von Freiseelen. Und dabei ist freier Geist und freie Seele keineswegs dasselbe. Die freien Geister bringen die Welt vorwärts, die freien Seelen reinigen die Atmosphäre der Welt.
Ob man überhaupt das Recht hat, sich eine freie Seele zu nennen, wenn man nicht vor allem ein freier Geist ist?
Ist eines die Vorbedingung des anderen?
Ist Freiheit in beiden Fällen das gleiche?

•

Ein Epigone der Vergangenheit zu sein, das mag angehen. Eine wahrhaft klägliche Rolle spielen die Epigonen des gestrigen Tags oder auch des heutigen. Denn auch solche Käuze kommen vor.
Verspätete Vorläufer und Epigonen der Mitgeborenen.

Jede Erkenntnis (Erfahrung) wird in unserer Seele vom hellen Licht des Zweifels umleuchtet; der Schatten, den sie in diesem Licht wirft, heißt Glaube.

•

Daß es Naturgesetze gibt, die zu erklären wir außerstande sind – die Entstehung der Welt aus dem Chaos ebensowenig wie das Wachsen eines Grashalms –, das weiß der Rationalist so gut wie der Mystiker, der Zweifler so gut wie der Gläubige – und mehr weiß keiner.
Der Rationalist versucht, so weit wie möglich mit dem Verstande vorzudringen und je rationalistischer er angelegt ist, um so mehr weiß er, daß er bis auf die letzten Gründe vorzudringen nicht vermag. Der Mystiker gibt das Vordringen auf, lange noch, ehe es notwendig wäre, er macht nicht einmal von dem bißchen Verstand Gebrauch, das ihm Gott geschenkt hat.

•

Unserem Verhältnis zur Wahrheit liegt der Irrtum, die Fiktion, ja man könnte sagen die Lüge zugrunde, daß wir sie (die Wahrheit) an sich für wünschenswert, als einen Ausdruck ethischer Vollkommenheit ansehen, was gar nicht der Fall ist.

•

Wahrheit, insofern sie nichts ist als Richtigkeit, hat keinerlei ethische Bedeutung.
Etwas, was wir als Wahrheit erkannt haben oder auch nur erkannt zu haben glauben, zu bekennen unter Gefahren für unseren Vorteil oder für unser Leben selbst, das ist ein Beweis persönlichen Mutes, nichts anderes, keinesfalls kann es als ein Beweis für die Wahrheit als solche gelten.

•

Aus der Logik, der Verantwortlichkeit und der Präzision ins Geschwätz, ins Leere, ins Gespenstische, ins Unverantwortliche flüchten, das nennen wir irrtümlicherweise metaphysisches Bedürfnis.

•

Wenn sich der Tod, zwar unaufhaltsam wie stets, doch mit abgewandtem Antlitz uns nähert, so sprechen wir von Genesung.

•

Nach Goethe muß man das Unmögliche postulieren, um überhaupt das Mögliche anzustreben. Statt dessen ziehen es die Menschen im allgemeinen vor, zwar das Unmögliche zu postulieren, aber meist zu dem Zweck, um sich damit der Verpflichtung überhoben zu wissen, auch nur das Mögliche anzustreben.

•

Für jede Art von Wahrheit gibt es nur ein Kriterium: das Opfer.

•

Was aber ist deine Pflicht? Die Forderung des Tages, antwortet Goethe.
Dein Recht aber? Die Forderung des vorigen.
Und deine Ehre? Die Forderung des nächsten.

•

Flachköpfe – der Rationalist, der Materialist, der Zweifler? Es kommt immer nur auf den Kopf an, ihr Metaphysiker, ihr Idealisten, ihr Gläubigen!

•

Zwei Spiegel einander gegenüber: für den Kurzsichtigen bedeutet es Verwirrung, für den Weitsichtigen Unendlichkeit.

•

Wer mit Würde zu empfangen versteht, hat seine Schuld schon zur Hälfte beglichen. Aber das befreit ihn keineswegs von der Verpflichtung, die andere Hälfte mit hundert Prozent Zinsen zu bezahlen.

•

Man steht im Leben immer wieder vor der Wahl, es sich selbst leicht und den anderen schwer zu machen – oder umgekehrt. Aber *hat* man denn die Wahl?

•

Wo immer man einen Verstoß gegen die Moral zu sehen glaubte, ist es einer gegen den Geschmack, gegen die Logik oder gegen die Wahrhaftigkeit gewesen.

•

Auch das klügste Wort bleibt am Ende nur Geschwätz, wenn es nicht auf irgendeinem Wege zu Taten führt.

•

Auch sehr ins Weite denken, ist manchmal nur eine Art, sich das Leben bequem zu machen.

•

Auch der ehrlichste Denker wird es ohne Humor niemals zum Philosophen, sondern immer nur zum Pedanten bringen.

•

Wenn ihr Christus schon als göttliche Erscheinung verehrt, um wieviel tiefer müßt ihr die Knie erst vor einem Menschen beugen, dem es vielleicht gegeben war, die göttliche Gestalt eines Christus aus seinem eigenen Geist zu erschaffen.

•

Gibt es einen Gott, so ist die Art, in der ihr ihn verehrt, Gotteslästerung.

•

Glaube kann nichts anderes bedeuten als die Überzeugung davon, daß das Leben als solches mit all seinen Unbegreiflichkeiten, mit all seinem Grauen und mit all seinen Wundern einen Sinn hat. Jedenfalls ist der Glaube eine Sache, die mit dem Geist absolut nichts zu tun hat, er ist nur eine Angelegenheit des Gemütes, das mit dem Charakter zwar verwandt ist, aber doch wieder davon geschieden sein muß. Dieser Glaube gibt dem Leben im allgemeinen, keineswegs dem Leben an sich, aber doch dem Leben des Gläubigen einen Sinn.

•

Es gibt nur eines, was wir mit vollkommener Sicherheit wissen: da wir um uns, über oder unter uns ein Element, ein Unbekanntes, ein Unfaßbares fühlen, daß unserer Einflußnahme vollkommen entrückt ist. Wir wissen aber nicht, inwiefern wir selbst der Einflußnahme dieses Unfaßbaren ausgeliefert sind.

•

Ist Gott der Traum der Menschheit? Es wäre zu schön. Ist die Menschheit der Traum Gottes? Es wäre zu abscheulich.

•

Ich hätte nichts gegen Gläubigkeit einzuwenden; wenn der Gläubige sich nicht so gern über diejeni-

•

gen erhaben fühlte, denen es an Gläubigkeit mangelt. Dieser Stolz widerspricht geradezu dem Sinn jeder Gläubigkeit, ja hebt ihn geradezu wieder auf. Und doch ist es beinahe leichter, seine Feinde zu lieben als die, die anderer Ansicht sind.

•

Wir sollen uns vor Gott beugen? So geht doch erst aus dem Weg, ihr Pfaffen, damit wir besser sehen können, wovor wir uns beugen sollen.

•

Neulich las ich in einer Kritik über ein philosophisches Buch als besonderes Lob für den Verfasser die Gläubigkeit gerühmt, mit der er sich an die Natur hingebe.

Ich fragte mich, wie es denn möglich sei, sich an die Natur ungläubig hinzugeben, und was überhaupt damit ausgedrückt sei, daß einer an die Natur glaube und ein anderer nicht.

Man kann in einem persönlichen Sinn Gott leugnen, aber doch nicht die Natur. Aber wenn man die Existenz der Natur anerkennt, so erkennt man auch den Schöpfer Gott an.

Man kann Beziehungen verschiedener Art zur Natur haben: sentimentale oder gleichgültige, künstlerische oder wissenschaftliche aber man kann nicht anders, als sie glauben, was mit Frömmigkeit im dogmatischen Sinn natürlich nicht das Geringste zu tun hat.

•

Ohne den Begriff Gott könnten wir am Ende auskommen. Leider nicht ohne das Wort.

•

Es fällt bekanntlich kein Haar vom Haupte ohne den Willen des Allmächtigen. Doch was den Kopf auf unseren Schultern betrifft, ist es ratsam, sich mehr auf sich selbst zu verlassen.

•

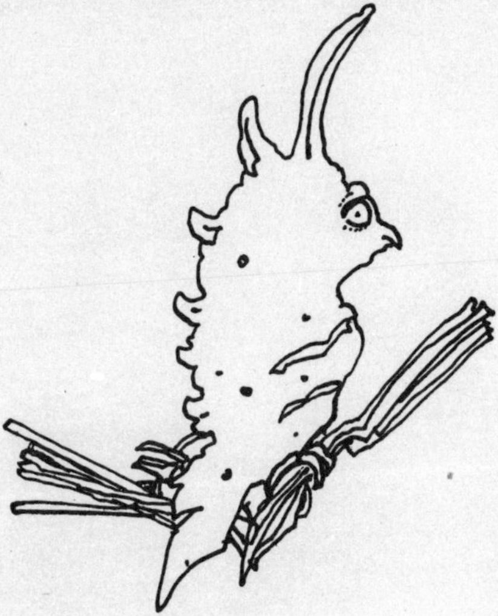

VI. Was hilft's dir, mein Freund

Tageswirren, Gang der Zeiten – Politik, Gesellschaft – Einmal wird der Friede wiederkommen

Es als Tugend auszurufen, daß sich Menschen zusammengehörig fühlen – das war der geniale Einfall eines Mächtigen, der eine Garde brauchte.

•

Manchmal ist die Menschheit einem kleinen Mädchen zu vergleichen. Tritt ein großer Mann an sie heran, so wird sie verlegen, läuft in die Kinderstube und spielt mit ihren Puppen weiter.

•

Der Endzweck aller Kultur ist es, das, was wir »Politik« nennen, überflüssig, jedoch Wissenschaft und Kunst der Menschheit unentbehrlich zu machen.

•

Die Lebenslüge manchen Staates wie manchen Individuums: Daß sie den Bankrott noch erwarten, ja sogar sein Ausbleiben noch für möglich halten zu einer Zeit, da sie schon mitten darinnen stehen.

•

Das muß schon ein Mensch von hoher Art sein, dem die Sehnsucht nach Freiheit etwas anderes bedeutet als die Begier nach Verantwortungslosigkeit.

•

Jeder Krieg wird unter den nichtigsten Vorwänden begonnen, aus guten Gründen weitergeführt und mit den verlogensten Ausreden beschlossen.

Wenn man mit einem Politiker von guten Manieren und einiger Klugheit in eine Unterhaltung gerät, macht man meistens die überraschende, aber sympathische Entdeckung, daß er eigentlich gar nicht zu seiner Partei gehört.

•

Standesbewußtsein
Damit bezeichnen wir eine streng umschriebene Gruppe von Vorurteilen, von denen jedes einzelne nicht nur auf sich selbst, sondern auf die übrigen stolz ist, und die einander gegenseitig automatisch so hoch zu steigern pflegen, daß daraus eine partielle Unzurechnungsfähigkeit der Standesbewußten und Gefahr für die Umgebung resultiert.

•

Wäre Politik unter der Voraussetzung vollkommener Wahrheit, wäre Rechtssprechung auf der Grundlage vollkommener Gerechtigkeit überhaupt nur möglich, dann brauchten wir weder Politiker noch Juristen auf der Welt.

•

Was soll mir das Geschwätz? Ich habe mich in meinem Leben nicht um die Politik gekümmert!
Was hilft's dir, mein Freund? Sie kümmert sich um dich in jedem Augenblick deines Lebens.

•

National

Das alberne Geschrei. National fühlen. Wie nützt man seiner Generation? Wie erweist man ihr seine Liebe? Dadurch, daß man schreit: Ich bin ein guter Deutscher. Wir sind die erste Nation! Dadurch, daß man die andern als minderwertig hinstellt? Man ist national, indem man innerhalb seiner Fähigkeiten das denkbar Höchste zu leisten bestrebt ist; so fördert man zugleich sich selbst und die Nation, der man angehört. Für die Nation von Bedeutung sind ausschließlich die, welche arbeiten; auf die, welche sich darauf beschränken, national zu fühlen, kann sie verzichten.

Als wenn es sich immer noch um einen Vorrang handelte, als wenn es sich darum handelte, mehr zu sein als ein anderer und von diesem andern in diesem Sinne anerkannt oder gar gefürchtet zu werden. Es handelt sich ausschließlich darum, seine Fähigkeiten in einer bestimmten Richtung auszuarbeiten und sie mit Zielbewußtsein anzuwenden. Alles übrige versteht sich von selbst. Die Nationen, welche im Fortschritt begriffen sind, zeichnen sich immer dadurch aus, daß sie die Errungenschaften aller anderen Nationen in die Möglichkeiten ihrer Entwicklung aufnehmen.

Viele Feuilletonisten finden, daß die Menschheit nach diesem Kriege irgendwie gereinigt und geläutert sein werde.

Die Gründe für diese Annahme sind unklar: keiner der Kriege, die bisher in der Welt geführt worden sind, hat diese Folge gezeitigt.

Die Folge der siegreichen Kriege ist beinahe regelmäßig politische Reaktion; die Folge der verlorenen Revolution. Beide Folgen sind gewissermaßen Erschöpfungszustände.

Jedes Ereignis hat natürlich die Macht, in gewissen dazu veranlagten Menschen große, edle Eigenschaften zur Erscheinung zu bringen, die sonst keine Entwicklungsmöglichkeit gefunden hätten. Gleiches gilt aber auch für die schlechten Eigenschaften.

Außerdem müßte man sich über die Betrachtungsweise einigen. Manches sieht wie Heroismus aus, aber man darf nicht vergessen, daß gerade im Kriege sehr häufig Situationen eintreten, in denen Tapferkeit das sicherste Mittel ist, der Gefahr zu entgehen. Es ist sehr wohl zu denken, daß derselbe junge Mann, der z. B. bei einem Brandunglück wehrlose Kinder und Frauen zertritt, um ins Freie zu gelangen, als Offizier seine Truppe mit Todesverachtung zum Sturm führt.

Man muß auch Zeit haben, seine großen Eigenschaften vorzubereiten! Wer werden die Geläuterten sein? Die ein Bein verloren haben oder ein Auge? Oder die Eltern, die ein Kind, die Frauen, die ihren Mann verloren haben? Oder die Leute, die zu Grunde gingen? Oder die Leute, die durch Armeelieferungen Millionen verdient haben? Oder die Diplomaten, die den Krieg angezettelt haben? Oder die Monarchen, die siegreichen oder die geschlagenen? Oder die Feuilletonisten, die daheim geblieben sind? Diejenigen, die geläutert sein werden – ich wage es zu vermuten – sind es schon vorher gewesen. Januar 1915

•

Eine völkerpsychologische Tatsache: Bei langdauernden Regierungen passen sich die Individuen äußerlich und innerlich dem Typus des betreffenden Monarchen irgendwie an. Je schwächer das Individuum und je näher es sozial oder auch nur der Gesinnung nach dem Monarchen steht, um so deutlicher wird die Ähnlichkeit sich ausprägen.

Januar 1915

•

Die Weltgeschichte ist eine Verschönerung der Diplomaten gegen den gesunden Menschenverstand.

Januar 1915

Die Verschwörung der Völker gegen die Mächtigen ist ein gelegentlicher Vorgang, die Verschwörung der Mächtigen gegen die Völker der reguläre Zustand der Welt. Auch während des blutigen Krieges fühlt sich der König, wenn auch manchmal unbewußt, dem andern König, mit dem er im Krieg steht, näher und verwandter als seinem Stallmeister, seinem Minister oder selbst seinem Adjutanten.

Januar 1915

Notwendigkeit, zwei Dogmen zu bekämpfen

1. Das Dogma von der Schicksalsnotwendigkeit des Krieges.
2. Das Dogma von dem läuternden Einfluß des Krieges.

Schwierigkeiten. Man hat gegen sich Gedankenträgheit der Menschen, tausendjährige Tradition, angebliche Lehren der Geschichte, scheinbare Organisation der Welt und die allgemein menschlichen Eigenschaften: Dummheit und Phantasielosigkeit.

Die Gefährlichkeit der letzten wird unterschätzt. Die Mächtigen lassen es sich angelegen sein, diese Eigenschaft zu unterstützen.

Statt Bilder gibt man den Menschen Worte.

Statt Mehrzahl gibt man ihnen Abstrakte.

Alte Gewohnheit der Menschen sich aus dem vollkommen Unerträglichen und wohl auch Unfaßbaren der Vielheit in die Kühle des Begriffs zu flüchten. Das ist nicht immer eine Erhöhung ins Symbolische, sondern eine Flucht ins Abstrakte.
Der alte Kunstgriff der Politik vom einzelnen abzusehen, mit Massen zu rechnen, im Gegensatz zum Künstler, der die Masse in die einzelnen auflöst.
Dieser Irrtum, vielmehr die bewußte Täuschung ist zu zerstreuen.
Ein Unternehmen, das nur dann gelingen kann, wenn die Vernünftigen sämtlicher Staaten untereinander einig sind.
Das heißt also, wenn die Macht der Vernünftigen so groß geworden ist, daß sie gegen die Macht der Dummen, der Schurken, der Mächtigen (die durchaus nicht immer eins von beiden sein müssen, sondern oft nur an den angeborenen Fehlern ihrer Abstammung oder ihres Metiers leiden) aufzukommen vermag. März 1915

•

Ein Völkerrecht? Laßt uns den Traum begraben. Und träumen wir ihn neu, wenn wir ein Volksrecht haben. Und unser nur die Wahl: Verräter oder Knechte. Drum sagt: was wollt ihr sein! – 1916

•

Niemals ist wirklich für eine Idee Krieg geführt worden; weder für eine nationale noch für eine religiöse. (Das läßt sich nicht nur in diesem Krieg nachweisen).
Aber die Ideen werden immer vorgeschützt, als Banner vorangetragen, sozusagen als Fahnen der Seele. Man kann natürlich jede Phrase zu einer Idee ernennen. Dies gehört zu den Hauptaufgaben des Politikers, der das Gleichgewicht auch dadurch wiederherstellt, daß er aus jeder Idee eine Phrase macht. 1916

•

Gewisse Epochen lassen ihre ganze Grauenhaftigkeit besonders darin erkennen, daß innerhalb ihrer zum größten Unrecht werden kann, was sonst das erste Gebot aller Sittlichkeit scheint, nämlich: die Wahrheit auszusprechen.
Epochen, in denen die Wahrheit nicht nur gefährlich werden kann für diejenigen, die sie aussprechen, sondern auch für diejenigen, die sie hören, sind im Innersten ungesund.

•

Man sagt, er ist den schönen Heldentod gestorben. Warum sagt man nie, er hat eine herrliche Heldenverstümmelung erlitten? Man sagt, er ist für das Vaterland gefallen. Warum sagt man nie, er hat sich für das Vaterland beide Beine amputieren lassen? (Die Etymologie der Machthaber!)

•

Das Wörterbuch des Krieges ist von den Diplomaten, den Militärs und den Machthabern gemacht. Es sollte von denen richtiggestellt werden, die aus dem Krieg heimgekehrt sind, von den Witwen, den Waisen, den Ärzten und den Dichtern.

•

Große Zeit, das ist diejenige, in der die Entdeckungen und Erfindungen, die in der kleinen Zeit gemacht worden sind, zur Tötung und Verstümmelung von Menschen sowie zur Vernichtung der in der kleinen Zeit entstandenen Werte und Werke ausgenützt werden.

•

Es wird sich darum handeln, daß unter den Millionen, die jetzt ihr Leben für Ideale aufs Spiel setzen, so für nationalistische, kapitalistische, bestenfalls für die Verteidigung des Vaterlandes, sich später einige wenige finden, die gewillt sein werden, das Leben für etwas, das sogar noch höher ist als die Verteidigung des Vaterlandes, für die Befreiung der Menschheit aufs Spiel zu setzen.

•

Die Solidarität der Mächtigen ist viel stärker als die

der Völker. Sie geht durch die Jahrhunderte einher, und es besteht (in gewissem Sinne) eine stärkere Zusammengehörigkeit zwischen den römischen Cäsaren, den Königen von Frankreich und den Zaren als zwischen den gleichzeitig lebenden Proletariern zweier Nachbarvölker. Die Solidarität der Mächtigen ist eine solche der Idee, die der Völker eine solche der Not.

•

Das Militär könnte ohneweiters ohne Krieg leben. Sie kämen ganz gut mit den Manövern aus. Nur die Diplomaten brauchen ihn dringend.

•

Laßt die Soldaten regieren, so wird es mit dem Krieg vielleicht bald ein Ende haben mindest so lange, bis die Diplomaten wieder ans Ruder kommen.

•

Bekenntnis

Ich liebe mein Vaterland nicht, weil es mein Vaterland ist, sondern weil ich es schön finde. Ich habe Heimatgefühl, aber keinen Patriotismus.
Ich bin nicht stolz auf irgend jemanden, weil er der gleichen Rasse angehört.
Ich trete für niemanden ein, weil er zufällig derselben Familie entstammt wie ich.

Ich habe auch kein Standesbewußtsein und bin gar nicht beschämt, weil es auch unter den Dichtern Lumpen (und Heuchler) gibt.
Ich war niemals der Kamerad von irgendwem, weil er zufällig diesselbe Charge bekleidet hat, nie der Kollege von jemandem, weil er auf derselben Schulbank saß wie ich.
Ich liebe auch nicht die Menschheit als Ganzes; nur einige wenige einzelne Menschen.
Ich fühle mich mit niemandem solidarisch, weil er zufällig derselben Nation, demselben Stand, derselben Rasse, derselben Familie angehört wie ich. Es ist ausschließlich meine Sache, mit wem ich mich verwandt zu fühlen wünsche; ich anerkenne keine angeborene Verpflichtung in dieser Frage. Ich habe Mitbürger in jeder Nation, Kameraden in dem Stand und Brüder, die keine Ahnung von meiner Existenz haben. 1904

•

Den Staat aus seiner vertrackten Anonymität heraustreiben, was nur durch Revolution und dergleichen gelingt. 1918

•

Die Deutschen haben die Feierlichkeit des langsamen Verstandes.

•

In der Natur des Witzes offenbart sich der Charakter der Nationen.

•

Wenn ein Volk zur Vernunft kommt oder sich das wenigstens vormacht, so heißt das Revolution. Den Fall, daß Fürsten das gleiche begegnen könnte, hat der Sprachgeist seltsamerweise nicht vorgesehen.

•

Nicht auf Gesinnung kommt es an, sondern auf Anschauung. Die Leute mit der Gesinnung waren immer diejenigen, die den Holzstoß angezündet haben für die Leute mit der Anschauung.

•

Es war das Charakteristische dieser Gruppe von jungen Leuten, daß sie Selbstverständliches mit dem Pathos tiefster Weisheiten – und daß sie Kühnheiten, für die noch niemals irgend jemandem ein Haar gekrümmt wurde, in einem Tone aussprachen, als drohe ihnen dafür der Scheiterhaufen.

•

Sie schließen sich keiner Partei an?
Nein. Ich will das Recht behalten, alle Lumpen verachten zu dürfen, und vor allem die, die meiner Ansicht sind.

VII. Das Ewige fegt auch ein Sturmwind nicht weg

Werk und Widerhall

Die drei Kriterien des Kunstwerks: Einheitlichkeit, Intensität, Kontinuität.

•

Um den Künstler ist ein geheimnisvolles Element, durch dessen Medium er die Umwelt unvergleichlich stärker zu erfassen vermag als irgendein anderer Mensch, und das ihn doch zugleich unerbittlicher von ihr abschließt, als die dickste Mauer es vermöchte.

•

Im heiteren Drama pflegen die Autoren meist nur die Mängel ihres Charakters – im ernsten untrüglich die ihres Verstandes zu verraten.

•

Was bedeutet das Unerträglichere im Drama: der Tiefsinn, den uns eine Puppe zum Besten gibt oder die Plattheit, mit der uns eine lebensvolle Gestalt langweilt?

•

Niemals ist es das Problem, das du gewählt, niemals der Geist, mit dem du es behandelt, was dein Werk in die Zukunft tragen wird; immer sind es nur die Gestalten, die du gebildet und die Atmosphäre, die du rings um sie geschaffen.

•

Wenn wir in einem Kunstwerk das Vorhandensein

einer Weltanschauung als künstlerischen Vorzug zu empfinden glauben, so kommt diese Wirkung niemals von der besonderen Art der Weltanschauung her, die der Autor zum Ausdruck bringt, sondern immer nur von dem Grad des Talentes, den er hierzu aufzuwenden imstande war.

•

Aus dem Werke manches Dichters spüren wir wohl heraus, daß er irgendwie und irgendwo ein Genie ist, nur leider gerade nicht in seiner Dichtung.

•

Jeder Dichter ist Realist und Idealist, Impressionist und Expressionist, Naturalist und Symbolist zugleich, oder er ist überhaupt keiner. Natürlich überwiegt eine dieser Kunst- und Weltanschauungen, je nach Temperament, Anlage, Epoche und Stimmung. Aber sobald eine von ihnen so sehr überwiegt, daß die andern darunter erheblich leiden oder gar eine oder die andere völlig verkümmern, so ist damit schon wieder ein Talent- und Wesensmangel ausgebrochen.

•

Dem Humoristen wird es auch im aufgeräumtesten Moment niemals einfallen, sich mit dem Publikum zu encanaillieren. Nur der Witzbold ist es, der gern vertraulich und Beifall werbend ins Parkett oder zum Leser hinüberblinzelt und jederzeit bereit ist, auch eine Gestalt, die er selbst geschaffen, zu verraten und feig im Stich zu lassen, wodurch er die mediokre geistige Atmosphäre schafft, in der allein er zu wirken vermag.

•

Dem Humoristen – und nur ihm unter allen Schriftstellern – ist Weitschweifigkeit erlaubt; ja, sie ist unter Umständen ein Kunstmittel mehr, dessen er nicht entraten kann und darf.

•

Behagen ist die eigentliche Grundbedingung des Humors sowohl in subjektivem als in objektivem Sinn, und der Begriff des Behaglichen verträgt sich nicht mit Beschränkungen irgendwelcher Art. In gewissem Sinne kann der Humorist niemals ein Ende machen; – kaum einen Anfang. Nur technische Notwendigkeiten sind es, die ihn dazu nötigen.

•

Der Humorist lustwandelt innerhalb der Unendlichkeit.

•

Die tragische Weltanschauung, von den Höhen des Humors aus betrachtet, wirkt in jedem Fall irgendwie beschränkt, wenn nicht lächerlich oder gar unsinnig.

In der Tragik gerät der menschliche Geist, so tief er auch hinabsteigen mag, irgendeinmal auf Grund – im Humor niemals.

•

Dem Humor, dem göttlichen Kind, ist nichts verwehrt; auch nicht mit dem Schmerz, dem Elend, dem Tod zu spielen. Wenn die Ironie, der Witz, die Satire das gleiche versuchen, empfinden wir das als geschmacklos, roh, wenn nicht gar als Blasphemie.

•

Wer Humor hat, der hat beinahe schon Genie. Wer nur Witz hat, der hat meistens nicht einmal den.

•

Im Kunstwerk, das aus einer inneren Notwendigkeit heraus geschaffen wurde, glüht ohne Unterlaß sonnenhaft die Idee wie ein leuchtend gewordenes Herz; das Machwerk, und wäre es vom höchsten technischen Rang, trägt die Idee vor sich her wie ein flackerndes Lämpchen, und es ist meist erloschen, lang vor erreichtem Ziel.

•

Über das Ausmaß seines Talents wird uns ein gewandter Autor zuweilen zu betrügen imstande sein, nie jedoch über den Grad des Interesses, das er selbst seinem Problem und seinen Gestalten entgegengebracht hat.

Manche Künstler wissen sich ihren Ruf mühselig genug nur dadurch zu erhalten, daß sie sich immer wieder an Aufgaben wagen, denen ihre Kraft nicht gewachsen ist.

•

Künstler sein, das heißt: verstehen, die rauhen Flächen der Wirklichkeit so glatt zu schleifen, daß sie die ganze Unendlichkeit von den Höhen des Himmels bis zu den Tiefen der Hölle widerzuspiegeln vermag.

•

In den besten Momenten ihres Schaffens sind Künstler zweiten Ranges von den wahrhaft großen kaum zu unterscheiden. Doch was ihnen in jedem Falle mangelt, ist die Fähigkeit, sich genügend lange auf der erforderlichen Höhe zu halten; und ihr Verhängnis ist es, gerade in den Augenblicken, wo die außerordentlichste und letzte Anspannung aller Kräfte notwendig wäre, ins Dürftige, Triviale oder Absurde hinabzusinken.

•

Als Künstlernatur bezeichnen wir im allgemeinen die Summe von Eigenschaften, die den Künstler im Produzieren behindert.

•

In jeder wirklich guten Anekdote steckt der Keim

zu einem Mythos, jede dichterische Allegorie nimmt die Richtung auf ein Symbol zu.

•

In der Kunst müssen wir uns von dem Vorurteil emanzipieren, daß der Tod an sich schon etwas Trauriges zu bedeuten habe. Er ist vielmehr etwas so eminent Natürliches, daß er innerhalb eines Kunstwerkes ebenso zur Heiterkeit wie zur Erschütterung Anlaß geben kann. Je ferner uns eine Figur, je mehr sie ins Episodische gerückt ist, um so leichter gelingt es uns, diesen Standpunkt einzunehmen, offenbar darum, weil von jenen ferner gerückten Episodenfiguren nicht so viele und so mächtige Assoziationsfäden zu unserem eigenen Schicksal laufen. Der Tod des Hamlet berührt uns tragisch, der des Polonius bestenfalls tragikomisch, wenn auch zuweilen rührend, wirkt auf uns der Tod im Puppenspiel. Unser Schmerz über den Untergang der Marionette, den das ewige Kinderherz in uns empfindet, wird von unserer erwachsenen Logik sofort in Heiterkeit umgedeutet, weil diese ehrlichen Marionetten im Gegensatz zu manchen scheinbar tragischen Figuren, die manchmal nichts sind als unehrliche Marionetten, von vornherein auf die Täuschung verzichten, uns ein Menschenschicksal vorzuspielen.

Das Publikum ist viel gescheiter als es selber glaubt, aber man darf es ihm nicht zugestehen, sonst wird es noch anmaßender als es ohnehin zu sein pflegt.

•

Le style c'est l'homme: dieses Wort ist so wahr, daß der Schreibende sich am sichersten dort zu verraten pflegt, wo er sich am ängstlichsten zu verstellen trachtete.

•

Manche Literaten lieben es, sich in ihren Werken stilistisch, andere gesellschaftlich und manche gar ethisch aufzuspielen. Kein Wunder, daß sie sich von solchen Mühen in ihrem Privatleben um so gründlicher zu erholen pflegen.

•

Jede Art von künstlerischer Produktion fordert mit Notwendigkeit Kritik heraus. Denn es liegt im Wesen der Produktion, sich Schöpferwillen und Schöpferkraft – und damit in gewissem Sinne Göttlichkeit anzumaßen. Und da das Göttliche ein *Absolutes*, doch jede Art, auch die höchste der künstlerischen Produktion immer nur ein *Relatives* vorstellt, so hat die Kritik im Prinzip immer recht; doch in der Praxis auf eine wohlfeile Weise, und beinahe stets an der unrechten Stelle.

Sobald ein Kunstwerk, in die Öffentlichkeit entlassen, seinen Weg beginnt, bietet sich manchmal ein seltsames Schauspiel dar: wie ein boshafter Affe auf den Rücken eines edlen Renners, springt irgendein Schlagwort auf das Werk los, setzt sich dort fest und schneidet seine Grimassen; und wenn es bei dem rasenden Ritt allmählich die Laune und mit der Zeit Atem und Leben verliert –; es hat sich immerhin so fest in das edle Tier eingekrallt, daß geraume Zeit hindurch auch noch der verdorrte Leichnam, ein lächerlich gespenstischer Anblick, auf dem Rücken des galoppierenden Renners hocken bleibt, ehe er herunterstürzt, um am Wegrand zu verwesen.

•

Müßt ihr immer erst den einen aus dem Weg räumen, um für den anderen Platz zu schaffen? Merkt ihr nicht, wie verdächtig ihr uns mit solchen Praktiken das neue Talent – und zugleich euere Ehrlichkeit macht?

•

Des Kritikers erste Frage müßte sein: Was hast du mir zu sagen, Werk? Aber das kümmert ihn im allgemeinen wenig. Seine erste Regung ist vielmehr: Nun, Werk, gib acht, was ich dir zu sagen habe!

•

Nur still geschwiegen, Autor – und keine Erwiderung! Die einzige, die du allen Angriffen entgegenstellen darfst, hast du schon vorweggenommen: – dein Werk. Wenn es dauert, hast du recht behalten.

•

Ein sentimentales Werk entsteht, wenn der Künstler ein schon vorhandenes Übermaß eigener Empfindung zugunsten seiner Arbeit auszunützen versucht, ein naives, wenn ein solches Übermaß während der Arbeit selbst aus ihr hervorquillt.

1924

•

Ein Schriftsteller oder gar ein Dichter? – Nein, ein al fresco-Feuilletonist oder ein Weltanschauungsplauderer. 1929

•

Nicht wer mit unzureichenden Mitteln einen Helden zu gestalten sucht, wer mit Kraft einen Schwächling zu bilden weiß, das ist der stärkere Künstler. 1929

•

Der Roman ist auf Fülle gestellt, die Novelle auf Schlankheit.
Ein Roman von Bedeutung ist ohne Persönlichkeit des Autors überhaupt nicht zu denken. Für die Novelle genügt der Einfall, also gewissermaßen das

Glück des Augenblicks, wie es auch dem Talent geschenkt ist. Von den Romanen erhalten sich für mehr als die Gegenwart nur diejenigen der wirklichen Genies.

•

Es gibt eine Art von rechnerischer Phantasie, die zuweilen scheinbar dichterische Produkte hervorzubringen vermag, die aber mit eigentlicher dichterischer Begabung kaum etwas zu tun hat. Was auf solche Weise entsteht, das mag wohl eine Weile wie mit künstlichen Flügeln ein paar Meter hoch über den Erdboden hinflattern; was ein Werk zum Himmel hinaufträgt, das sind immer nur die unsichtbaren, aber angebornen Schwingen des Genies.

•

Nullen – man mag sich mit ihnen abfinden, es gibt so viele. Aber eine Null und frech dazu, das ist der Rezensent. Stoßseufzer des Rezensenten: Ja, wenn man bis zu den Sternen spucken könnte!

•

Komödie der Worte
Moderner Dreck.
Geschmackvoll eingerichtete Seele.
Amüsantes Luder.
Ungefähr, wie wenn man am Schluß einer Kritik über die *Räuber* sagen würde: Friedrich Schiller

heißt die Canaille, um es mit den eigenen Worten des Dichters auszudrücken.

•

Die Kritik stellt unberechtigte, ja unerfüllbare, unsinnige Forderungen, und meist im Bewußtsein, daß diese Forderungen so sind. So fordert sie immer wieder Lösung von Problemen, während doch gerade auf der Unlösbarkeit sämtlicher Probleme die Möglichkeit des Dramas beruht.

•

Eine der dümmsten Phrasen: Daß irgendein Mensch, irgendein Ding, irgendein Werk weggefegt ist. Das Charakteristische für diese weggefegten Werke und Menschen ist gewöhnlich, daß sie noch da sind. Das Ewige fegt auch ein Sturmwind nicht weg, das Vergängliche schon ein Lufthauch.

•

Man wird leicht einsehen, es ist das bequemste, von den Dingen, die einen desavourieren könnten, einfach nichts zu wissen. Daher bleibt Unterschlagung die einfachste Art der Fälschung.

•

Gelegenheiten benützen, die eigentlich keine sind: Man hält z. B. einem Dichter eine Leichenrede und beschimpft hierbei ganz ohne Anlaß einen anderen, noch lebenden.

Wenn du eine Scholle auf ein Grab wirfst, hebe gleich eine zweite auf, um sie einem Lebendigen an den Schädel zu werfen.

•

Das Unfaßbare, z. B.: »Der Autor hat vor einiger Zeit durch einen Roman unliebsames Aufsehen erregt.«
Ein anderes Beispiel, anläßlich eines Preises: »Man kann von ihm nichts anderes sagen, als daß er uns im Ausland unliebsam blamiert hat.«

•

Große Künstler oder auch Dilettanten können vollkommen reine Menschen sein. Mittelmäßige Künstler und ganz besonders Literaten niemals.

•

Wer sich von der Persönlichkeit eines Künstlers enttäuscht oder überrascht fühlt, hat dessen Werke mißverstanden.

Wiener Allgemeine Zeitung, Osterbeilage 1898

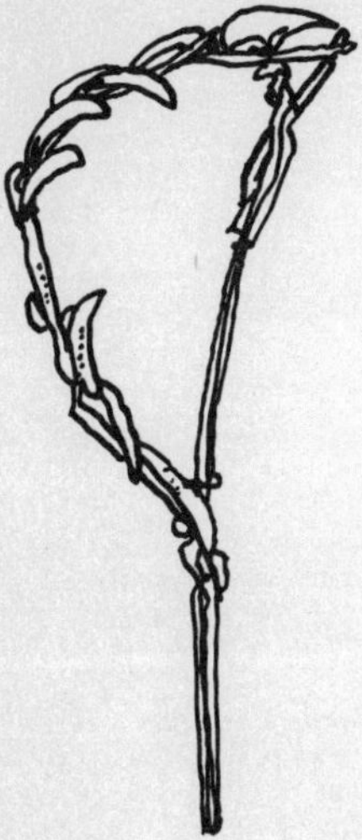

VIII. Wie aber, fragte die Unendlichkeit

Parabeln – Ansätze zu Parabeln

Ein frommer Jüngling machte einen Ausflug zu Rad. Wie er bei einer Kirche vorbeikommt, nimmt er eine Hand von der Lenkstange und schlägt ein Kreuz. In diesem Augenblick verliert er das Gleichgewicht und bricht sich einen Arm. 1890

•

Ich kannte einen, der am Abend stets an sich selber einen Brief aufgab, nur um am nächsten Morgen zur Postzeit keine Enttäuschung zu erleiden. Aber es ist mir nie klar geworden, ob es ein Narr oder ein Weiser war. 1917

•

Es gab einmal einen sehr begabten Hund, der bellte, heulte, biß, am Ende stellte er sich gar toll – nur, um sich in den Mund der Leute zu bringen. Aber nichts wollte ihm helfen, bis er einmal einen Peitschenhieb übers Maul bekam, da sprach am nächsten Tag die ganze Stadt von ihm.

•

Es war einmal eine Katze, die lief hundertmal hinter den Spiegel, um das geheimnisvolle Wesen zu entdecken, als dessen Ebenbild sie selbst auf dem Fußboden sich herumtrieb. Sie fand es nicht, geriet in Verzweiflung, der Spiegel zerbrach bei ihrem letzten Versuch, und nun hatte sie ihren Gott verloren. 1921

Sie hatte ihm einen Dolchstoß versetzt; doch es war nur im Übermut gewesen. Als er daran beinahe verblutet wäre, nahm sie es ihm wohl anfangs ein wenig übel, doch gutmütig wie sie war, verzieh sie es ihm wieder. Nachher aber bekam er Herzklopfen, sein Puls ging immer schneller und der Frost warf ihn hin und her. »Wie«, rief sie aus, »hast du nicht an Ende Fieber?« – »Ich glaube fast«, bemerkte er schüchtern. »Was du für ein empfindlicher Mensch bist«, meinte sie, ihm milde die Stirne streichelnd, »Ich habe mich von dem kleinen Zwischenfall längst erholt.«

•

Parabel

Der Birnbaum stand an einem schönen Herbsttag am Weg, die Äste schwer von Früchten. Ein Knabe kam vorüber, schüttelte sich Birnen herunter, ließ sie sich schmecken, sagte: »Auf Wiedersehen, Apfelbaum!« und spazierte davon. »Verzeihen Sie, ich bin ein Birnbaum«, rief der ihm nach. »Warum sagen Sie das nicht gleich?« erwiderte der Knabe, spuckte erbittert aus und lief weiter. »Ich dachte, Sie hätten es gemerkt«, sagte der Birnbaum vor sich hin, aber der Knabe hörte ihn nicht mehr. Nun kam ein zweiter Knabe, schüttelte den Baum, verzehrte einige der Früchte mit Appetit, dann

sagte er: »Gar nicht übel, aber nun möchte ich um einen Pfirsich bitten!«
»Die wachsen leider nicht auf meinen Ästen. Aber wenn Sie Lust auf Pfirsiche haben, dort drüben steht ein Pfirsichbaum.« – »Nun«, erwiderte der Knabe höhnisch, »wenn ich zufällig ein Birnbaum wäre und so viel Zeit hätte wie Sie, auf mir wüchse Obst von allen Sorten. Ich an ihrer Statt würde mich schämen, immer und ewig ein Birnbaum zu bleiben.« Und er entfernte sich mit einem verächtlichen Achselzucken.
Ein dritter Knabe kam, tat sich gleichfalls an den Birnen gütlich, aber von Bissen zu Bissen wurde sein Gesicht verdrossener. Endlich sagte er: »Ich bekomme da immer Birnen und Birnen. Was ist's denn mit den Äpfeln, mit den Trauben, mit den Melonen, mit dem Sauerkraut, den Rettichen, die Sie mir versprochen haben?« – »Das ist ein Irrtum. Niemals versprach ich etwas dergleichen«, erwiderte der Birnbaum. »Wie«, sagte der Knabe, »Sie wollen mir das nicht versprochen haben? Wissen Sie, was Sie sind? Ein Birnbaum? Nicht einmal ein Birnbaum sind Sie! Ein Zwetschgenbaum, der groß tut. Nein, eine Zwiebel, und verpesten die Luft im ganzen Umkreis. Was sagte ich, eine Zwiebel? Ein Giftpilz, wie ich soeben an meinem Bauchgrimmen

verspüre.« Und fluchend stürzte er von dannen. Noch viele andere Knaben kamen und aßen von den Birnen. Manche ließen es sich schmecken, einige von ihnen dankten sogar, andere fraßen sich voll und schimpften, manche aßen nicht einmal und schimpften doch.

Als der Winter kam, wurde der Birnbaum, der nun kahl stand, in der Erinnerung an seine Herbsterlebnisse trübsinnig. Und als an einem trüben Tag wieder böse Buben an ihm vorübergingen, seiner Kahlheit spotteten und bemerkten, daß es nun wohl endgültig mit ihm vorbei sei, dachte er verdrossen: Ihr sollt Recht gehabt haben! und beschloß, keine Früchte mehr zu tragen.

Doch der Frühling kam, die Laune des Birnbaums besserte sich wieder, und er nahm sich vor, wenn er schon keine Früchte trug, doch wenigstens zu blühen. Denn seines Duftes freute er sich selbst, und der ging niemanden etwas an. So lebte er, blühte und freute sich den ganzen Sommer lang, und als der Herbst kam, da waren zu seiner Überraschung doch die Früchte wieder da. Er konnte sich nicht helfen. Und als die Buben vom vorigen Jahr wiederkamen, ließ er sich schütteln und gab von seinen Früchten, wie im vorigen Jahr. Die Buben aber waren wohl ein weniges älter, doch nicht klüger geworden. Sie redeten wie im vorigen Jahr, aber sie erhielten keine Antwort. Einer aber war da, derselbe, der im vorigen Jahr das Bauchgrimmen bekommen hatte, über den mußte sich der Birnbaum beinahe zu Tode lachen. Der hielt einen verblühten Zitronenast in der Hand, schwang ihn hin und her und rief: »Habt ihr jemals einen so herrlichen Orangenbaum gesehen wie mich?«

•

Ein braver, frommer Mann hatte sich nach einem Leben voll Arbeit in einer schönen Gegend ein Haus gebaut und ließ über das Tor in goldenen Buchstaben die Worte setzen: »Gesegnet sei dies Haus und jeder, der geht ein und aus«. Bald nachdem er mit seiner jungen Frau und seinen unmündigen Kindern das Haus bezogen hatte, wurde er und seine Familie ermordet, beraubt und das Haus selbst niedergebrannt. Die Wirkung des frommen Spruches aber sollte sich bald aufs Herrlichste erweisen. Der Mörder wurde nämlich niemals entdeckt und durfte sich sein ganzes Leben lang an dem Genuß des geraubten Gutes ungestört und reuelos erfreuen.

•

Legende vom ewigen Funken

Eine Rakete verpufft, ein Funke will nicht verlöschen, bleibt einsam in der Luft, schaudert in seiner Einsamkeit.

•

Das große Feuerwerk, das kleine Kind daneben, das unbekümmert darum seine kleinen Streichhölzchen anbrennt und das Spiel fortsetzt, auch wenn das Feuerwerk längst zu Ende ist.

•

Am Strande spielt ein Bub, baut einen Sandhaufen, höhlt ihn aus, schöpft mit der Kanne aus dem Meer Wasser und gießt es in die Höhlung des Sandhaufens.

»Was machst du da?«

»Ein Meer.«

»Ist dir das Meer draußen nicht groß genug?«

»Ja, größer ist es schon, aber das ist *mein* Meer.«

•

Die Rosse eines Leichenwagens haben gescheut und sind durchgegangen; im Sarge poltert der Tote hin und her; ein paar Unvorsichtige geraten unter die Räder. Wir anderen sehen von unserem Fenster aus dem Schauspiel zu und bilden uns ein, einen weltgeschichtlichen Moment erlebt zu haben.

•

Zwei Knaben liefen um die Wette. Der eine verlor immer und immer wieder; wurde endlich ärgerlich und wollte das Spiel aufgeben. Der andere, nur um den Freund zu ermutigen, entschloß sich, ihn einmal gewinnen zu lassen. Doch kaum war dieser am Ziel angelangt, so jubelte er laut und verhöhnte den gefälligen Freund.

•

Neulich begegnete ich einem Bekannten, fragte ihn um die Zeit, er nahm die Uhr aus der rechten, sofort darauf eine zweite Uhr aus der linken Westentasche, dachte eine Weile nach und nannte mir dann die Stunde.
»Wie«, rief ich aus, »Sie tragen zwei Uhren?«
»Früher hatte ich auch nur eine, wie die anderen Leute, die ging aber täglich um zehn Minuten vor, so entschloß ich mich, eine andere zu kaufen, die täglich um zehn Minuten nachgeht. Nun bin ich in der Lage, stets genau zu berechnen, wie spät es ist.«
»Wie wär's«, bemerkte ich nach einigem Besinnen, »wenn Sie die beiden Uhren verkauften und sich mit dem Erlös eine Präzisionsuhr anschafften?«
Er sah mich mit einiger Mißachtung an.
»Rationalist«, sagte er und ließ mich stehen.

•

Zwei junge Leute kommen uns nachts auf der Landstraße entgegen und zeichnen sich dem Horizont gegenüber wundervoll ab. Aber wenn wir applaudierten, würden sie es nicht verstehen, denn sie wissen nichts von ihrem Verhältnis zum Horizont.

•

Es war einmal ein Zauberer, der zeigte den Leuten eine wunderbare Perlenschnur, an der nur die Perlen, aber nicht die Schnur zu sehen war. So schwebten die Perlen frei in der Luft, doch nur in der Hand des Zauberers und für keinen anderen hatte so die Perlenschnur einen Wert.
Da kam ein anderer, der behauptete gleichfalls, eine Perlenschnur zu besitzen, an der war wieder nur die Schnur zu sehen und die Perlen waren unsichtbar. Er schlug dem ersten Zauberer ein Kompagniegeschäft vor. Man weiß nicht, ob es zustande kam.

•

Wie aber, fragte die Unendlichkeit den Herrn, soll ich der Menschheit erscheinen, daß sie nicht vor Grauen erstarre?
Da verkleidete sie der Herr in das Blau des Himmels.
Und ich? fragte die Ewigkeit, wie soll ich mich der Menschheit offenbaren, daß sie nicht vor Grauen in Vernichtung sänke?

Da sagte der Herr: Ich will dem Menschen einen Augenblick geben, da er dich begreifen wird. Und er schuf die Liebe.

IX. In eigner Sache

1

Und klagt Ihr wieder Eure krit'sche Not,
Ich wüßte nur von Lieb' und Spiel und Tod
Das wohlvertraute Lied Euch vorzusingen –
So seid getrost: in diesen ew'gen drei'n
Ist alle Wahrheit und ihr Spiegelschein
Und Sinn und Seel von allen Erdendingen.

2

Vom Wirbel großer Zeit erfaßt –
So stürmt Ihr weiter ohne Rast,
Nur ich bin stehn geblieben.
Und was Euch in den Kram nicht paßt,
Das hab ich nicht geschrieben.

3

»Die ist's, woran's vor allem dir gebricht:
Die tief're *Weltanschauung* hast du nicht.«
Nun, lächelnd Eurer zünftigen Verachtung,
Bescheid' ich weiter mich in *Weltbetrachtung*.

4

»So kühn dein Werk gedacht, erheben wir die Klage,
Daß man wohl ein *Problem*, doch keine *Lösung*
sah.« –

Und just von mir gelöst wünscht Ihr die ew'ge Frage?
Glaubt mir, Ihr Herrn, die war's nicht, der's geschah.

5

Mit deinem Lob, o Rezensent,
Wie gern wollt' ich mich brüsten,
Verbeugtest du dich nicht am End'
Vor meinem Pamphletisten.

6

Berühmt? – Ach Gott, ich bin es viel zu sehr.
Wär's minder ich, und kenntet Ihr mich mehr!

X. Nachbemerkungen

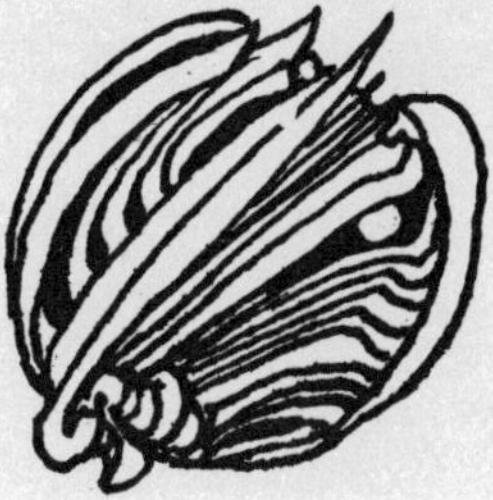

Nachbemerkungen

Tiefsinn hat nie ein Ding erhellt;
Klarsinn schaut tiefer in die Welt.
Arthur Schnitzler

1

Im siebenten Lebensjahrzehnt, am 14. Dezember 1924, schrieb der zu jener Zeit schon weit über seine Geburtsstadt Wien und über Österreich hinaus bekannte Autor von »Anatol« und »Der Reigen«, von »Leutnant Gustl« und »Fräulein Else« an den Freund Georg Brandes: »Für mich hat jetzt das Völkchen eine neue Formel gefunden: daß ich nämlich eine ›versunkene Welt‹ gestalte, für die sich kein Mensch mehr interessire. (Man darf nur Dramen von 1924 schreiben – haben Sie das gewußt?) Auch sind Tod und Liebe unwürdige Sujets; – nur Grenzregulierungen, Valutenänderungen, Steuerfragen, Diebstähle und Hungerrevolten interessiren den ernsten (insbesondere ernsten deutschen) Mann ... Es erscheinen bald wieder Novellen von mir, – und ein Versstück wird vielleicht auch bald fertig sein; – besonders aber feil ich an aphoristisch-fragmentistischem herum – denn mein Bedürfnis in möglichst präciser und conciser Form gewisse Lebenswahrheiten auszusprechen – die natürlich an sich nicht neu sind – zu denen ich aber meinen eigenen Weg gegangen bin – dieses Bedürfnis wird mit den Jahren immer stärker. Es ist auch etwas Pedanterie und etwas Verspieltheit dabei.«

Drei Jahre sollten vergehen, ehe Schnitzler – beschäftigt unter anderem mit dem Roman »Therese«, mit der »Traumnovelle« und dem Essayband »Der Geist im Wort und der Geist in der Tat« – das »Buch der Sprüche und Bedenken«, eben jene »aphoristisch-fragmentistischen« Lebenswahrheiten, die er Brandes ankündigte, sorgsam ausgewählt und zusammengestellt, mit einigen erklärenden und zurechtrückenden Worten in die Öffentlichkeit entließ.

»Dieses Buch«, so schrieb er 1927 in der Einleitung zu dem im Phaidon-Verlag, Wien, erschienenen Bändchen, »will keine Synthese, keine Weltanschauungen, keine Erledigungen bringen; es wollte das nicht einmal in dem Falle, daß der Verfasser Endgültigkeit auf geistigem Gebiet für möglich oder auch nur wünschenswert hielte. Man nehme es einfach als Tagebuch, besser noch als eine Reihe von Bemerkungen, die anläßlich von Erlebnissen, äußeren und inneren, manchmal nach reiflicher Erwägung, öfter noch aus einer augenblicklichen Stimmung heraus aufgezeichnet wurden ... Keineswegs hat dieses Buch den Ehrgeiz, für sich allein zu bestehen. Es ist denjenigen meiner Leser zugedacht, denen ich aus meinen Werken so nahe gekommen bin, daß sie mir nicht nur ein Interesse ästhetisch-literarischer Natur, sondern auch eine Anteilnahme persönlich-menschlicher Natur entgegenbringen.«

Mit beidem, mit ästhetisch-literarischer *und* persönlich-biographischer Neugier, darf eine neuerliche Auswahl der Aphorismen, Sprüche und Parabeln rechnen, die den aufschlußreichsten Sentenzen aus Schnitzlers »Buch der Sprüche und Bedenken« solche zur Seite stellt, die zu Lebzeiten des Dichters verstreut erschienen oder aus noch vom Verfasser vorläufig geordneten Nachlaß-Mappen stammen.

Auffällige Bezüge zur Autobiographie, zu Selbsterkenntnis und Selbstbefragung, schonungslose Akzentuierung persönlicher Erfahrungen, aber auch vieler allgemeinmenschlicher, psychologischer, ästhetischer, sozialer, ethischer, religiöser und politischer Betrachtungen – manchmal noch deutlich geprägt von der Situation, in der sie entstanden – machen die Lektüre der Einfälle, Verse, Aperçus und Notate neben dem spontanen Lesevergnügen zum Spiegel einer besonders subtilen Künstlerentwicklung im letzten Drittel des 19., beziehungsweise im ersten Drittel des 20. Jahrhunderts.

2

Epochenwandel hat Schnitzlers Lebensbogen bestimmt. Im Abendlicht der zu Ende gehenden Francisco-Josefinischen Ära von einer neoromantischen und nostalgisch empfindsamen Elite als einer der Väter des um Anschluß an die europäische Moderne bemühten *Jungen Wiens* gewürdigt und verehrt, mit fünfzig – kurz vor Ausbruch des ersten Weltkriegs und auf der Höhe herbeigesehnter literarischer und gesellschaftlicher Erfolge, aber auch ebenso heftig geschmäht – erfuhr der Autor von Jugend auf wiederkehrende, mehr oder weniger quälende Phasen verstärkter Selbstanklagen und Zweifel an seiner eigentlichen Bestimmung. Seine Irritationen stellten sich nicht unbedingt als Krankheitsanzeichen dar; eher als eine Art *kreativer Melancholie*, als Antwort des Dichterarztes auf Symptome des Untergangs und der nahenden Katastrophe, die nicht mehr umkehr- oder aufhaltbare Veränderungen im historisch-kulturell angestammten Milieu. Schnitzler gehörte durch seine jüdische Herkunft, durch Begabung und Bildung, durch finanzielle Wohlsituiertheit zu den privilegierten Bürgern der k. u. k.

Donaumonarchie. Versteckte Behauptungskämpfe mit einem klugen, jedoch um die bürgerliche Solidität des Sohnes besorgten Vater, das allmähliche Wegrutschen des Vertrauten, ganz entscheidend ebenso mehrfach eingestandene Unfähigkeit zu anhaltender ehelicher Bindung, persönliche Unglücksfälle – Schaffensprobleme mit vielschichtigen Befunden – drückten sich in Korrespondenzen und Tagebüchern aus, die Schnitzler zur eigenen Disziplinierung seit Beginn seines Medizinstudiums (1879) bis ins Alter hinein geführt hat. In einer Selbstbeobachtung vom 11. Juli 1913 notierte er: »Nach dem Erwachen, wie so oft, Bitterkeit und Zorn, wahre Weinkrämpfe. Herzschmerzen, Kopfdruck. So kann es nicht weitergehen. Es ist physischer, psychischer Untergang.« Von Entfremdungsängsten und Einsamkeitsgefühlen erfaßt, sah Schnitzler sein Leben seit 1912 in »ungünstigem Sinne« verlaufen. Die immer lästiger werdende Verunsicherung, zusammen mit dem Grauen und Entsetzen über das »Unsinnig-Empörende« der Massenmorde des ersten Weltkriegs, bei dessen Ausbruch Schnitzler wie nur ganz wenige europäische Intellektuelle nicht von patriotischem Rausch erfaßt und zu bedauerlichen Chauvinismen hingerissen wurde, führte zu verstärktem Drang nach

Selbsteinschätzung und Analyse. Der Versuch, seine »schlimmen, selbstruinösen Eigenschaften« – seinen Lebensekel, das, was *die anderen* diffamierend *das Dekadente* nannten, seine Flucht vor der Pathologie des Alltags in einen eleganten, leichtfüßigen Lebensstil und gestörte zwischenmenschliche Beziehungen – aufzuarbeiten, führte zu den eigenen Anfängen zurück. 1915 begann Schnitzler mit der Niederschrift des ersten Teils einer Autobiographie, die bis 1900 geplant, Mitte 1889 abbricht und erst 1968 als Fragment aus dem Nachlaß veröffentlicht worden ist. Aber auch diesem Rechenschaftsbericht über eine »Jugend in Wien« fehlte am Ende die klassische Ausgewogenheit zwischen Allgemeinem und Besonderem, die spätestens seit Goethe im Genre zu fordernde Verflechtung von Ichentwicklung mit der Darstellung der in die beschriebene Lebenszeit fallenden historischen Prozesse.

Karl Kraus hatte 1912, nicht ohne polemische Spitze gegen Thomas Mann, der aus Anlaß des 50. Geburtstages von Schnitzler, dessen »männliche Welt- und Menschenkenntnis«, den »Reiz seiner Probleme«, die »hohe und sichere Geschmackskultur«, eine »gewisse liebenswürdige Konzilianz« als Gegenteil aller menschenfeindlichen Starrheit mit dem »lebhaften Bedürfnis der Danksagung« rühmte, auf ähnliche Grenzen im Gesamtwerk gewiesen. Freilich kehrte Kraus das Kind mit dem Bade aus, als er im gleichen Augenblick Heinrich Manns, Wedekinds und Stefan Zweigs Wertschätzungen Schnitzlers überrannte und in der »Fackel« beißend fragte: »Wie kann ein Zarter so von Begeisterung umtobt werden? Es ist im Geschlechtercharakter der Generation begründet. Sie alle sind Söhne des Hermes und der Aphrodite, und ein Kräftiger könnte ihnen nur beweisen, daß sie Weiber sind. Die Position Schnitzlers im Weichbild der Gegenwart soll damit nicht geleugnet, sondern zugegeben werden. Dem Unbeträchtlichen, das sie sich zu sagen hat, vorbestimmte Form zu sein, ist auch etwas, das von der Gnade einer schöpferischen Notwendigkeit stammt. Auch diese Zeit hat ihre Dichter, die sie sich aus der Unfähigkeit schafft, Dichter gegen die Zeit zu sein. Ein Zeitdichter aber darf auch nicht mit solchen verwechselt werden, die sich die Zeit hält und die unter dem Diktat des fremden Bedürfnisses schreiben. Sie sind bloß das Zubehör und nicht der Ausdruck der Überflüssigkeit, und Arthur Schnitzler, ein konzentrierter Schwächezustand, soll mit dem Geschmeiß nicht verglichen werden, das Musik macht, weil sich der Ernst des Lebens erholen will. Er steht zwischen jenen, die der Zeit einen Spiegel, und jenen, die ihr einen Paravent vorhalten: irgendwie gehört er in ihr Boudoir. Nicht nur in seinen Anfängen; viel mehr noch später, als er nachdenklich wurde und ihr sagte, daß sich über uns ein Himmel wölbt und daß man nie wissen kann, wie die Sache ausgeht. Schnitzlers Seichtigkeit war die Form der für ein Zeitalter maßgeblichen Männerschwäche. Schnitzlers Tiefe, mit dem Verlust der Liebenswürdigkeit bezahlt, ist der karge metaphysische Rest, der sich ergibt, wenn Anatol Kaiserlicher Rat wird oder sagen wir, Conseiller imperial.«

3

Solche Kritik ging aufs Ganze. Sie traf den Menschen mehr als den Künstler, der sich auf ähnlich rigorose Weise dem Zweifel unterwarf, um wieder und wieder aus dem Ätzbad zu steigen – sicherer danach im Selbstverständnis und im Vertrauen auf das eigene Werk.

Was Schnitzler im Vorfeld der Niederschrift seiner Autobiographie und nach Ausbruch des ersten Weltkrieges in seinen Arbeitstagebüchern in Aphorismen und Notaten festgehalten hat, war weder seicht noch schwach, nicht unbeträchtlich oder schlechthin metaphysisch. Als Zeitgenosse bezog er Stellung *gegen* seine Zeit und achtete Integrität und Unverletzlichkeit des Individuums aus bewußt gelebter humanistischer Verantwortung höher als alle vorgeblich patriotische, staatstreue und religiös-konservative Gesinnung, in deren Namen ganze Völker mit ihren Heeren um den Fortbestand der Macht und des Reichtums der Herrschenden aufeinanderschlugen und dabei wechselseitig Frauen, Kinder und Greise malträtierten. Ähnlich wie Kraus sammelte Schnitzler Kriegsnachrichten, Meldungen und Kommentare, aus denen er sich trotz ungeheurer Begriffsverwirrung, amtlich verordneter Sprachregelung und platter Lügenhaftigkeit ein annähernd wahres Bild von den realen Vorgängen verschaffte. Dabei war seine pazifistische und antimilitaristische Haltung nicht neu. Schon als junger Mensch, nach dem Skandal um den »Leutnant Gustl«, der ihm 1901 die Aberkennung des Offiziersranges als Oberarzt wegen Verächtlichmachung der Armee eintrug, hatte er aus seiner grundsätzlich zivilen Überzeugung keinen Hehl gemacht. Im Herbst 1914 begann er – wohl auch unter dem Eindruck Bertha von Suttners, der im Juni des gleichen Jahres verstorbenen engagierten bürgerlichen Pazifistin und Friedensnobelpreisträgerin von

1905 – »Bemerkungen zu dem Thema – ›Und einmal wird der Friede wiederkommen‹« aufzuzeichnen, in denen er die Dogmen von der »Schicksalsnotwendigkeit« und der vorgeblich »reinigenden Kraft des Krieges« in Frage stellte, auf die Schuld der Staatsmänner und Diplomaten wies und hoffte, es möchten sich – wenn alles vorüber ist – einige *Helden* finden, »die gewillt sein werden, das Leben für etwas, das sogar noch höher ist als die Verteidigung des Vaterlandes, für die Befreiung der Menschheit aufs Spiel zu setzen«. Erst Schnitzlers Sohn Heinrich hat die Aufzeichnungen aus dem Nachlaß seines Vaters unter dem Titel »Über Krieg und Frieden« 1939 bei Bermann-Fischer in Stockholm veröffentlicht. Sie geben ein beeindruckendes Bild von der Härte des Konflikts, in dem sich der »Dichter der Dekadenz und Skepsis« zwischen seinem fünfzigsten und sechzigsten Lebensjahr befand. Die Radikalität der Fragestellungen deutet auch hier auf den Versuch, nicht nur die Ursachen des äußeren Chaos zu begreifen, sondern eigene traumatische Verletzungen bloßzulegen und zu heilen.

Nach dem Verbot der Budapester Uraufführung des »Reigens« und der Aufführung des »Professor Bernhardi« in Wien (beides 1912) hatte sich

Schnitzler öffentlicher Angriffe zu erwehren, deren unverhüllter Antisemitismus scheinheilig-patriotische, tatsächlich aber vaterländisch-aggressive Züge trug. Sie warfen ein grelles Licht auf die öffentliche Stimmung in Österreich am Vorabend des ersten Weltkriegs. Das alles verstärkte Schnitzlers krisenhaften Zustand, erklärt sein empfindliches Eingehen auf Kritik und zwang ihn, punktuell und rasch zu reagieren – wie er überhaupt um diese Zeit (auch im Hinblick auf den Plan einer eigenen Naturphilosophie) alles zu strenge Theoretisieren aufgab und sich auf knapp Akzentuiertes, auf Aphoristisches und Sentenziöses beschränkte.

4

Der Aphorismus erscheint bei Schnitzler nicht nur als blitzartiger Einfall, als poetische Keimzelle, sondern auch als eine Art *Schwundstufe des Essays*, eine Form der Mitteilung, bei der eine Gedankenfolge mehr und mehr auf ihre Pointe hin zurückgenommen wurde. Mit seiner kurzen, nach verschiedenen Seiten hin offenen Form, mit seinem Angebot an den Leser, sich auf ein Zwiegespräch einzulassen, das den Gegenstand der präsentierten Überlegung bewegt und nicht mehr so sehr die Gemüter, kam der Aphorismus als subjektiver, leicht stilisierbarer

Ausdruck einer Beobachtung, einer Meinung oder eines Einfalls Schnitzler sehr entgegen. Charakteristisch dabei das antithetische Denken, die Vielzahl der Varianten und einander widersprechender Fassungen. Da lesen wir und nicken: »Im Herzen jedes Aphorisma, so neu oder gar paradox es sich gebärden möge, schlägt eine uralte Wahrheit.« Wir lesen aber auch: »Schüttle ein Aphorisma, so fällt eine Lüge heraus und eine Banalität bleibt übrig.«
Zwischen jene beiden Pole – zwischen *uralte Wahrheit* und *Banalität und Lüge* – spannte Schnitzler seine Themen: Liebe und Tod, Spiel der Geschlechter, Leben und Traum, Kampf der Begierden, Erkennen und Vergessen, Ringen um Gott, Abkehr vom Glauben, Werk und Widerhall – den ganzen, oft dualistisch gesehenen *Reigen* menschlich-triebhafter und menschlich-kognitiver Existenz.
Bei allem steht der Autor niemals mit der großen Weltanschauungsschöpfkelle über uns. Eher verweist er als ein der vielen Wiederholungen müde gewordener, kluger Weltbetrachter seine Leser mit relativierendem Lächeln zurück auf sein »Abgeschnitzeltes«; auf wohlgemeinte Anregungen, auf skeptische Melancholismen, auf all die bitteren Wahrheiten und schönen Lügen, die das Leben auch für uns bereithält ...

5

Zwei Zeitalter hat Schnitzler gehen und kommen sehen – unterschiedliche, stark voneinander abgesetzte Epochen, deren Hervortreten und Verschwinden er mit dem wienerisch-karnevalistischen Wirbel seiner Figuren und Gestalten, Einfälle und Gedanken begleitet hat. Sein Leben glich zunehmend einer »Flucht in die Finsternis«, ehe er am 21. Oktober 1931 an den Folgen einer Gehirnblutung starb. Heinrich Mann, der Dichterfreund aus der Preußischen Akademie der Künste, sprach in seiner Gedächtnisrede (am 22. November 1931 im Staatlichen Schauspielhaus in Berlin) noch einmal von den zwei großen Mächten, der *Liebe* und dem *Tod*, in deren Dienst Schnitzler als Arzt und Künstler zeitlebens gestanden hat.

Darauf lassen sich in der Summe auch Schnitzlers Aphorismen, Notate, die gereimten und ungereimten Sprüche beziehen. Ihre Moral heißt *Spiel* ... Und Spiel war ihrem Verfasser *Kunst, überhöhtes Leben*. Durch beides überwand er die Allgegenwart des Todes. Mit Vergnügen und Kraft gab er sich dem Leben hin, in vollem Bewußtsein der Fragwürdigkeit sogenannter überkommener, höherer Werte. Über der *Lust am Leben* und der *Lust zum Tode* wölbte sich für den aufgeklärten Romantiker die

Brücke der Erkenntnis, die nur überschreitet, wer alle Illusionen und Selbsttäuschungen abgelegt hat. –

»Alles kann Verführung sein ...« – zwischen Liebe und Tod lag für Schnitzler immer auch die Lust am Verführtwerden zum Denken. Mit unserem Kaleidoskop schillernder und klarer Splitter möchte diese Sammlung dem Autor als einem nicht unbestrittenen, aber unbestreitbar beliebten Vertreter bürgerlich-europäischer Kultur wienerischer Prägung Gerechtigkeit widerfahren lassen; Gerechtigkeit vor allem jenen Kritikern gegenüber, die wie die Knaben in Schnitzlers Parabel vom Birnbaum Äpfel, Pfirsiche, Rettiche, Orangen, ja sogar Sauerkraut verlangen, nur eben keine Birnen, die – wohlschmeckend und in Fülle – der alte Baum zu spenden nicht nachläßt.

Ruth Greuner
Berlin, August 1988

Editionsvermerk

Unsere Auswahl erfolgte auf der Grundlage der von Robert O. Weiss im S. Fischer Verlag, Frankfurt a. M., 1961 bis 1967 veranstalteten Werkausgabe Arthur Schnitzlers. Als Fundus dienten das in Band 5 unter anderem enthaltene »Buch der Sprüche und Bedenken« (Erstveröffentlichung 1927), Texte aus den Abteilungen »Verstreut Erschienenes« und »Aphorismen und Betrachtungen aus dem Nachlaß«.

Die im »Buch der Sprüche und Bedenken« vorgegebene Anordnung wurde in sich gekürzt, aber nicht verstellt. Die Herkunft der zu Lebzeiten verstreut oder nicht erschienenen Aphorismen, Sprüche und Parabeln wird durch die systematisierenden, von Schnitzler selbst gewählten Sammelüberschriften auf den Nachlaßmappen in unseren Unterüberschriften ausgewiesen. Sie wurden verwandten Gruppierungen aus dem »Buch der Sprüche und Bedenken« nachgestellt; wo solche nicht vorlagen, dem Konzept unserer Auswahl frei zugeordnet.

Alle Kapitelüberschriften sind Zitate. Rechtschreibung und Zeichensetzung folgen der Werkausgabe.

Inhalt

ISBN 3-371-00214-4

1. Auflage 1989

Lizenznummer: 48-48/18/89
LSV 7109
Gestaltung: Horst Hussel
Typografie: Helmut Mahnke
Printed in the German Democratic Republic
Gesamtherstellung: Druckhaus Aufwärts,
Leipzig III/18/20-990
Bestellnummer: 695 736 9
0[illegible]30